十年建福

徐德金　钟兆云　著

海峡出版发行集团 | 福建教育出版社

图书在版编目（CIP）数据

十年建福 / 徐德金，钟兆云著. —福州：福建教育出版社，2023.3
ISBN 978-7-5334-9568-8

Ⅰ.①十… Ⅱ.①徐…②钟… Ⅲ.①通讯—中国—当代 Ⅳ.①I253.3

中国版本图书馆 CIP 数据核字（2022）第 257657 号

Shi Nian Jian Fu

十年建福

徐德金　钟兆云　著

出版发行	福建教育出版社
	（福州梦山路 27 号　邮编：350025　网址：www.fep.com.cn）
	编辑部电话：0591-83716736
	发行部电话：0591-83721876　87115073　010-62024258）
出 版 人	江金辉
印　　刷	福州印团网印刷有限公司
	（福州市仓山区建新镇十字亭路 4 号）
开　　本	787 毫米×1092 毫米　1/16
印　　张	17.25
字　　数	280 千字
插　　页	2
版　　次	2023 年 3 月第 1 版　2023 年 3 月第 1 次印刷
书　　号	ISBN 978-7-5334-9568-8
定　　价	68.00 元

如发现本书印装质量问题，请向本社出版科（电话：0591-83726019）调换。

目录

第一章 十年纵览

一、牢记嘱托，勇担使命 3/ 二、透过报告看发展 8/ 三、持续推进高质量发展 10/ 四、党代会报告中的平潭 13/ 五、十年开放"路线图" 20

第二章 山之碧绿

一、青山绿水是无价之宝 31/ 二、践行"两山理论" 40/ 三、林权，林权 47/ 四、人与青山两不负 54/ 五、一场引人注目的研讨会 58

第三章 海之蔚蓝

一、凭海而立，因海而兴 65/ 二、深耕自贸试验田 66/ 三、海丝核心区建设走深走实 74/ 四、开放不停步 79

第四章 共同家园

一、海峡论坛成为政策发布平台 85/ 二、两岸只差一泡茶的距离 88/ 三、闽台产业对接，融合发展探路 96/ 四、在通、惠、情上做好对台三篇文章 99

第五章　闽商弄潮

一、民营经济：三分天下有其二 109/ 二、亲清政商，破除"三重门" 112/ 三、制造为本，守成创新 117/ 四、互联网经济风生水起 121/ 五、走出国门，纵横四海 124/ 六、闽商公益——恋祖爱乡、回馈桑梓 127/ 七、爱拼才会赢，闽商有力量 129

第六章　摆脱贫困

一、造福于民：老、少、边、岛的脱贫之路 135/ 二、脱贫的中国窗口：赤溪与下党的蝶变 141/ 三、脱贫攻坚，举全省之力 147

第七章　乡村振兴

一、日新月异的交通 155/ 二、"乡村振兴"20字方针 161/ 三、"156"乡村建设工作机制 167

第八章　产业发展

一、"六四五"产业新体系 179/ 二、数字福建：点亮智慧生活 182/ 三、"硬核"石化：发展"新引擎" 186/ 四、先进装备制造业与现代纺织服装业：举足轻重的支柱产业 190/ 五、"一带一路"，临港先行 193/ 六、专项规划，战略性新兴产业 198

第九章　文化强省

一、"海纳百川，有容乃大"：闽都文化 205/ 二、"重乡崇祖、爱拼敢赢"：闽南文化 211/ 三、"立德、行善、大爱"：妈祖文化 215/ 四、"勇于开拓，精诚团结"：客家文化 220/ 五、"主敬穷理、综罗百代"：朱子文化 227/ 六、"军民团结、艰苦奋斗"：红色文化 230/ 七、有"福"来"建"："福"建文化 234

第十章　有福共享

一、别了，棚屋区 241/ 二、同一片蓝天 243/ 三、让人民满意 251/ 四、花儿一唱幸福来 255/ 五、幸福都是奋斗出来的 260

后记 /268

第一章 十年纵览

高举习近平新时代中国特色社会主义思想伟大旗帜，深入贯彻落实习近平总书记对福建工作的重要讲话重要指示精神，从党的百年奋斗历程中汲取智慧和力量，立足新发展阶段，贯彻新发展理念，持续建设机制活、产业优、百姓富、生态美的新福建，聚焦聚力建设现代化经济体系、服务和融入新发展格局、探索海峡两岸融合发展新路、创造高品质生活，全方位推进高质量发展超越，奋力谱写全面建设社会主义现代化国家福建篇章。

一、牢记嘱托，勇担使命

2021年11月26日上午，中国共产党福建省第十一次代表大会在福州西湖东侧的福建会堂隆重开幕，时任中共福建省委书记尹力作题为《高举旗帜牢记嘱托 勇担使命砥砺前行 奋力谱写全面建设社会主义现代化国家福建篇章》的党代会报告。自2006年以来，前后十五年时间，徐德金身为新闻工作者，在福建会堂已连续四次聆听四任省委书记作党代会报告。前面三次是列席，这一次则以党代表的身份参会。

2021年11月26日上午，中国共产党福建省第十一次代表大会在福建会堂隆重开幕

时令上，11月已进入冬季，但南国福建依然绿意盎然。站在福建会堂高高的台阶上西望，但见湖光山色交相辉映，楼台近水，青山远黛，好一幅榕城如画图。

2021年是中国共产党成立一百周年华诞。福建"提前一年实现脱贫,全面建成小康社会";"面对突如其来的新冠疫情,全省上下众志成城、英勇奋战,在较短时间内打赢了疫情防控的人民战争、总体战、阻击战"。

面对在座的500多名党代表,省委书记尹力的报告特别回顾了过去五年的工作。他说,省第十次党代会以来,全省各级党组织和广大党员、干部群众,在以习近平同志为核心的党中央坚强领导下,增强"四个意识"、坚定"四个自信"、做到"两个维护",团结一心、真抓实干,决战脱贫攻坚、决胜全面建成小康社会,积极应

厦门园博园

对各种风险挑战，完成了省第十次党代会确定的主要任务，推动新福建建设迈上了新台阶。

尹力的报告共分三个部分，前后两个部分分别是"过去五年的工作"和"今后五年工作的总体要求和目标任务"，报告的核心之处是第二部分的"以习近平总书记重要讲话重要指示精神和党中央决策部署统揽新发展阶段新福建建设"。

这个部分简要回顾了习近平总书记在福建工作17年半，在政治、经济、社会、文化、生态文明和党的建设等方面，开创的一系列重要理念和重大实践，和党的

十八大以来习近平总书记多次亲临福建考察,作出的一系列重要讲话重要指示。

报告指出,当年,习近平同志带领干部群众率先打响摆脱贫困攻坚战,提出并大力推进数字福建、海洋经济强省、生态省建设和山海协作,总结推广"晋江经验"、科技特派员制度、集体林权制度改革,持续开展文化遗产保护和长汀水土流失治理、筼筜湖治理、木兰溪治理、"餐桌污染"治理,大力推进服务型政府建设、机关效能建设,深入推动双拥共建工作,积极倡导"弱鸟先飞、滴水穿石""四下

莆田城市之肺——荔枝园

基层""四个万家""马上就办、真抓实干"等优良作风。这些思想财富、精神财富和实践成果,对福建发展弥足珍贵。

报告指出,习近平总书记2014年来闽考察,提出"四个切实"的重要要求,为我们擘画建设机制活、产业优、百姓富、生态美的新福建宏伟蓝图;2017年出席金砖国家领导人厦门会晤,向世界介绍了厦门改革开放的成功故事,指导我们在新的起点上建设海上丝绸之路核心区、自贸试验区等;2019年参加十三届全国人大二次会议福建代表团审议，强调要在营造良好发展环境上再创佳绩、在推动两岸融合发展上作出示范；2020年作出重要指示，要求我们全方位推进高质量发展、实现全面超越；2021年3月来闽考察，明确提出"四个更大"重要要求和四项重点任务。这些都为福建发展指明了方向、注入了强大动力。

有识之士普遍认为，十年来福建发展的最大财富和最大优势是习近平总书记在福建开创的一系列重要理念和重大实践；是习近平总书记的重要讲话重要指示批示精神，为福建擘画的新宏伟蓝图。

二、透过报告看发展

通过党代会报告看福建十年发展进程，是一个非常重要的视角。

福建省第九次党代会召开的2011年，福建的社会经济发展是什么样的状况，当时的党代会报告给我们作了这样的描述——综合实力迈上新台阶、改革开放深入

厦门CBD商务区

推进、闽台交流合作更加紧密、民生福祉显著改善、民主政治有序发展、党的建设不断加强。

其中有几个重要的数据：预计2011年全省生产总值可达到1.7万亿元，比2006年增加9900亿元，年均增长13.3%；人均生产总值可达47100元，达到东部地区平均水平的90%，比2009年提高6个百分点；财政总收入、固定资产投资、社会消费品零售总额、进出口总额实现翻番。

福建省第十次党代会召开于2016年11月，党代会报告称，"预计2016年全省生产总值2.84万亿元，比2011年增加1万多亿元，年均增长10.0%；人均地区生产总值突破1.1万美元；地方一般公共预算收入接近2700亿元，增加近1200亿元"。报告指出，过去五年，福建省综合实力大幅提升、结构调整取得突破、改革开放全面深化、闽台合作交流更加紧密、民生福祉显著改善、民主法治稳步推进、双拥共建走在全国前列、党的建设全面加强。

与第九次党代会相比，第十次党代会的报告多了两句话：结构调整取得突破、双拥共建走在全国前列。关于结构调整和双拥工作，报告在回顾过去五年工作部分都只是简要论述。有关结构调整的内容报告提到"着力做大增量优化存量，深入实施转型升级计划，加快打造福建产业升级版"；有关拥军工作的内容报告中有一段——认真学习贯彻在上杭县古田镇召开的全军政治工作会议精神，持续加强后备力量建设，不断夯实国防动员基础，军民融合深度发展，所有设区市连续四届被评为"全国双拥模范城"。

2015年全国两会期间，时任福建省委书记、省人大常委会主任尤权在接受中新社记者专访时曾就结构调整进行阐述：在新常态下，过去那种靠消耗资源、污染环境的速度型粗放式发展路子已难以持续，必须向质量效益型集约增长转变；同时，必须较快调整需求结构、产业结构、区域结构，推动投资、出口、消费"三驾马车"协调拉动，三次产业协同带动，城乡区域均衡发展；在传统经济带动作用明显减弱的情况下，福建经济增长还必须加快从要素驱动向创新驱动的转变。

敏锐洞察经济发展过程中存在的问题并提出解决之道，这就像在高山俯视森林，而非行走于森林之中看到的只是一棵树或几棵树。宏观经济的根本是要把握市场走向并及时纠偏，引导产业发展。

"我国经济增速自2010年以来波动下行，持续时间已有五年多，经济运行呈现出不同以往的态势和特点。其中，供给和需求不平衡、不协调的矛盾和问题日益凸显，突出表现为供给侧对需求侧变化的适应性调整明显滞后。"2016年3月29日，《人民日报》发表题为《正确理解供给侧结构性改革》的文章，比较全面、系统地对供给侧结构性改革进行了阐述。

可以肯定地说，"十二五"期间福建十分重视供给侧结构性改革，面对复杂多变的经济形势，福建以供给侧结构性改革为突破口，在产业转型升级上着墨甚多；特别是2016年"供给侧结构性改革"成为福建产经领域最为热门的关键词。2016年召开的福建省委九届十六次全会，审议通过《关于实施创新驱动发展战略 建设创新型省份的决定》，讨论了《关于推进供给侧结构性改革的总体方案》。创新和结构性改革协调配合、统筹推进。

福建省第十次党代会报告提出"再上新台阶，建设新福建"，在谈到未来五年工作时，有专门章节就供给侧结构性改革进行了阐述——全面落实供给侧结构性改革"三去一降一补"五大任务，实施质量强省战略，不断扩大有效和中高端供给。全面改造提升船舶、冶金、纺织、鞋服、食品等传统产业。加快电子、机械、石化三大主导产业发展，努力实现产值均超万亿元，特别要推动新一代信息技术、高端装备制造、生物与新医药、节能环保、新能源、新材料等战略性新兴产业规模化发展。

什么是"三去一降一补"？就是去产能、去库存、去杠杆、降成本、补短板。供给侧结构性改革主要涉及产能过剩、库存大、债务高企等方面。

实际上，阐述供给侧结构性改革是在第十次党代会报告的"加快转型升级调结构"架构下展开的，所涉内容更多是产业发展，比如提出"加快智慧海洋建设，发展特色鲜明的湾区经济，迈出海洋经济强省建设新步伐"。而在福建省第十一次党代会报告中则明确提出发展"海洋经济"，这是后话。

三、持续推进高质量发展

一晃十年，在福建会堂聆听省委的工作报告，抚今忆昔，让人备感振奋。

过去五年，福建提前一年实现脱贫，全面建成小康社会；新冠疫情防控有序有效；经济综合实力显著增强。报告中列举了一些数据：

——全省地区生产总值连跨3万亿元、4万亿元两个台阶，人均地区生产总值突破10万元。一般公共预算总收入突破5000亿元。常住人口城镇化率达到68.7%。

——实施百亿龙头成长、千亿集群培育计划，产值超千亿产业集群达21个。数字中国建设峰会影响日益扩大，数字经济增加值超过2万亿元。海洋生产总值突破1万亿元。

——探索海峡两岸融合发展新路，闽台贸易额超1.2万亿元，实际利用台资超300亿美元，向金门供水工程正式通水，公布实施225项台胞台企同等待遇，台胞入闽超1400万人次。

——集体林权制度改革持续深化。全省森林覆盖率达66.8%，连续42年保持全国首位。

省委书记报告共赢得25次掌声。掌声中是党心，是民意；掌声中有共鸣，有

福州闽江沿岸的湿地公园

厦门海沧集装箱码头

共情。比如，在提到福州、厦门迈入"地铁时代"时；在提到全省森林覆盖率达66.8%、连续42年保持全国首位；在提到福建省是全国唯一所有设区市连续五届获评双拥模范城（县）的省份时，现场都响起掌声。

在报告的第二部分"以习近平总书记重要指示精神和党中央决策部署统揽新发展阶段新福建建设"，前面三段连续获得三次热烈掌声，这是强烈的共情：

——福建是习近平新时代中国特色社会主义思想的重要孕育地和实践地，习近平总书记始终高度重视、关心关怀福建发展，对福建的山山水水和父老乡亲有着深厚感情。这是福建发展最为重大而独特的优势。

——习近平总书记曾在福建工作17年半，在政治、经济、社会、文化、生态文明和党的建设等方面，开创了一系列重要理念和重大实践。……这些思想财富、精神财富和实践成果，对福建发展弥足珍贵。

——党的十八大以来，习近平总书记多次亲临福建考察，作出了一系列重要讲话重要指示。……这些都为福建发展指明了方向、注入了强大动力。

掌声既是对过去工作的肯定，也有对未来工作的期待。

比如：

——让更多"福建制造""福建服务"走向全国，走向世界；

——营造一流创新生态,真正使创新成为发展的第一动力;

——广大民营企业家要大力弘扬企业家精神、闽商精神,心无旁骛做实业,做爱国敬业、守法经营、创新创业、回报社会的典范;

——让人民生活更殷实、更安康、更舒适、更幸福;

——让绿水青山永远成为福建的骄傲;

——在探索海峡两岸融合发展新路上迈出更大步伐,为促进祖国统一发挥更大的作用。

"南北东西去,茫茫万古尘",在历史长河中,这十年恍如白驹过隙,福建却在踔厉奋发中创造了一个又一个奇迹。以改革开放初的1978年福建生产总值(以下简称"GDP")不过66亿元(在全国排名倒数第六位)为参照,就可知福建省第九次党代会以来十年的进步来之不易:2011年1.75万亿元,2016年2.84万亿元,2017年3.22万亿元,2021年4.88万亿元。

2011年以来的十年时间,福建省GDP越过2万亿、3万亿、4万亿三个万亿元大关,直逼5万亿元。而GDP在全国排名则从第12位跃升至第8位。

值得一提的是,2021年福建人均GDP排名第四,位列北京、上海、江苏之后,高于浙江、天津、广东。有分析指出,2021年福建省人均GDP已经达到了11.75万元(约1.82万美元),大致和欧洲的希腊相当。

福建和福建人低调内敛,这在人均GDP当中都能体现出来。2021年经济总量的前6位广东、江苏、山东、浙江、河南、四川6省,粤、苏两省过10万亿元(粤124369.67亿元,苏116364.20亿元),而豫、川两省则都不到6万亿元(豫58887.41亿元,川53850.80亿元)。广东、山东、四川、河南都是人口大省,人均GDP排名则分别为第7、11、18、22位。

"看上去瘦瘦,脱下来肉肉",2021年福建人均GDP超出河南将近一倍。

四、党代会报告中的平潭

认真研读福建省2011年第九次党代会、2016年第十次党代会和2021年第十一次党代会的报告,再对照一下前后十年的发展变化,报告的一些提法可以为我们提供一些思考的方向。比如，关于对平潭综合实验区的论述，其内容在三份报告中所占比重完全不同，提法也有所改变。

2011年11月第九次党代会报告对平潭综合实验区的论述是：

加快建设平潭综合实验区。平潭开放开发是党中央国务院的重大决策。《平潭综合实验区总体发展规划》赋予平潭最优惠的政策。政策来之不易，落实更需下大力气，发挥政策的最大效应，鼓励福州等市积极支持平潭发展，举全省之力加快平潭开放开发。平潭的开放开发是一项全新实验，要有新的理念和思维，超越以往搞开发区的一般模式和做法，探索走出一条新路。要在综合实验上下功夫，在体制机制创新上下功夫，在公共服务、投融资体制、土地管理等重点领域大胆探索、取得突破，为全省改革创新提供经验和示范。要发挥对台优势，围绕"共同规划、共同开发、共同经营、共同管理、共同受益"，积极探索实践两岸合作新模式，探索台胞参与社会事务管理的途径，为两岸交流合作与和平发展开辟新路、拓展空间。着眼于全方位开放，学习借鉴国内外特区的先进经验和管理方法，面向全球大力引进具有国际视野、通晓国际惯例、善于开拓创新的领导人才、高端经营管理人才、专业技术人才，努力把平潭打造成机制先进、政策开放、文化包容、经济多元的现代化、国际化综合实验区。

2016年第十次党代会报告回顾"过去五年的工作"部分，在"闽台合作交流更加紧密"段落中提到"平潭对台先行先试步伐加快，基础设施日臻完善，产业培育和宜居宜业环境建设取得新的进展"，用了39个字。

在"今后五年的目标和任务"部分，涉及平潭的内容放在"推进闽台深度融合发展"段落中："继续全力支持平潭开放开发，建设新兴产业区、高端服务区、宜居生活区，高标准推进国际旅游岛建设，打造两岸同胞融合融洽的共同家园。"此外，在"统筹区域发展促协调"部分也提到了平潭："推进福莆宁和平潭一体化发展。"

2021年第十一次党代会报告在回顾过去五年的工作中，虽然没有专门提到平潭，但在述及未来五年的目标和任务中，有两个地方提到平潭。

一是在"扎实推进区域协调发展"段落中提到：平潭要围绕"一岛两窗三区"（国际旅游岛，闽台合作窗口和国家对外开放窗口，新兴产业区、高端服务区、宜居生活区）战略，大力推进综合改革，打造台湾同胞"第二生活圈"。这个段落比较长，福建九个设区市逐一论及，最后提平潭。

二是在"探索海峡两岸融合发展新路，建设台胞台企登陆的第一家园"部分的四个段落中，仅出现10个字——"加大平潭对台先行先试"。

成立平潭综合实验区，赋予其对台的特殊功能，这从当初所提"共同规划、共同开发、共同经营、共同管理、共同受益"的设想规划中便能了解。平潭由126个岛屿组成，是中国第五大岛、福建第一大岛，是祖国大陆距台湾岛最近的区域。

2009年7月，福建省作出设立福州（平潭）综合实验区的决定，提出积极探索开展两岸区域合作，建立两岸更加紧密合作交流的区域平台，把平潭建设成为探索两岸合作新模式的示范区和海峡西岸经济区科学发展的先行区。2010年2月，福州（平潭）综合实验区更名升格为福建平潭综合实验区。2011年12月，《平潭综合实验区总体发展规划》经国务院批准由国家发改委正式发布。

平潭综合实验区规划馆

成立平潭综合实验区乃时势使然。曾经，平潭岛内没有一条像样的道路，基础设施十分落后，与外界的交通还要靠渡轮。随着各方重视，政策兑现，平潭以"一天一个亿"的投资规模加快基础设施的建设，跨海大桥、动车，这些让封闭落后的平潭迅速与外界接轨。

对此，平潭姑娘吴立舒有话说！从小学一年级开始，父母就送她到福州青少年宫学舞蹈、架子鼓和英语，经常往返于平潭与福州之间，整整三年，100多趟来回，

平潭台湾商品免税中心

200多次轮渡乘换……读小学四年级时，小姑娘把出岛时的无奈，在作文中用真实的语言表达出来："在宁静的夜晚，我做了一场'美梦'。梦见平潭大桥像一条巨大的纽带，把小山东和娘宫连接起来……"

娘宫渡口曾是每个平潭人出岛的必经之路，乘坐渡轮成为每个海岛人的最深记忆。从当年搭小舢板漂洋过海，后来改坐登陆艇，有了滚装轮渡后，虽然方便了一些，但每次长长的车龙都令人纠结无奈。

"美梦"终成真！2010年国庆前，建设者们和平潭人民共同见证了平潭大桥全桥的合龙盛况。在轮渡上看大桥，犹如一道长虹横卧在波光闪闪的海上。已在福州教育学院附中读初一的吴立舒，回到家乡看到这一幕，激动地说："今天，是所有平潭人为之兴奋不已、为之奔走相告的日子……"

这座曾经让平潭百姓魂牵梦绕的大桥，这座打通平潭交通命脉的大桥终于通车了，宣告平潭从此告别"孤岛"时代、结束千百年来"非舟楫不能往来"的历史！大桥建设者之一丁玉仁在日记本上记下了这么一行字："2010年11月30日，梦圆了，今天大桥正式通车，圆了我的梦，圆了平潭人的梦。"

谁能想到呢，梦越做越大，接下来还会在平潭大桥之外再建公铁两用大桥。

2020年12月26日，福平铁路开通运营，中国首座公铁两用跨海大桥同步投用

  2020年平潭公铁两用大桥顺利建成，从昔日无法跨越的禁区中开辟出一条海上之路，成为一代建设者的自豪和骄傲。此桥的建设，意味着曾经处于福建交通末梢的平潭，将连上国家铁路交通的大动脉。

  ……

  平潭的发展是有目共睹的。

  平潭在闽台融合、两岸和平发展中如何大胆探索走出一条超越以往搞开发区一般模式的新路，一直牵动着海内外关注的目光。

  远行无急步，厘清云谲波诡的世界局势下海峡两岸的关系现状，"海峡号"仍有望劈波斩浪，向着诗和远方。

  世界已然看到，平潭十年巨大的投入与产出比是难以想象的。

17

平潭海峡大桥

五、十年开放"路线图"

"让福建了解世界,让世界了解福建。"福建是个开放型省份,改革开放以来的省党代会报告,最能帮助世界读懂福建矢志不渝的对外开放进程。

历史上,福建从不缺少对外开放的基因。

福建简称闽,闽者,门内是潜龙在渊,破门而出,福建就是冲天巨龙。

唐朝时,泉州港便是世界四大通商口岸之一,宋元时更是"远东第一大港",其"涨海声中万国商"的盛况让意大利旅行家马可·波罗惊叹有加。明朝前期,郑和率船队七下西洋,其舟师驻泊基地和开洋起点,六次选择长乐太平港,给了沿海福建人一个叱咤世界的梦,其副手王景弘就是福建人;明代中后期,漳州月港是当时中国最大的对外贸易港口。清末,被称为近代中国"开眼看世界第一人"的林则徐,主持编译过中国最早一部介绍西方各国历史、地理和政情的《四洲志》,他题于老宅书室的自勉楹联"海纳百川有容乃大,壁立千仞无欲则刚"以及另一副对联"海到无边天作岸,山登绝顶我为峰",已升华为福建人登高望远、临海放舟的精神气质和广阔胸怀。福建人下南洋、闯世界勇开风气之先。近代,福州、厦门位居"五口通商"之列,马尾船政文化曾让世界为之注目。改革开放以来,福建是中国最早实行对外开放的两个先行省份之一。

上下千年,福建对外开放的历史画卷就是这样斑斓耀眼,"当惊世界殊"。

如果说,1978年开启的改革开放是份考卷的话,那么,福建以改革开放先锋的角色和实践作出的回答,让世人真正明白英国历史学家卡尔的名言:"历史是现在与过去之间永无止境的问答交流。人们只有借助于现在才能理解过去,也只有借助于过去才能充分理解现在。"

福建在这个引人注目的答卷上,清晰地烙印下让历史谛听的先声。

2001年,时任福建省省长的习近平向中外记者坚定地表示,对外开放兴,福建兴;对外开放步伐加快,福建兴旺繁荣的机会越大。这番话,至今仍激励着福建人民。

在福建省第九次党代会召开的2011年,经过30多年的改革开放,福建的外向型经济发展已到了较高水平,海峡西岸经济区全面铺开、平潭综合实验区初试啼音,

六胜塔，它是商舶由泉州湾主航道驶向内河港口的航标

加上之前国家赋予经济特区、台商投资区、台湾农民创业园区以及各类开发区的特殊和优惠政策，福建的对外开放形势良好，势头迅猛。由此，第九次党代会报告这样总结："深入实施大开放战略，对外交流合作水平显著提高，五年累计进出口总额4800亿美元，实际利用外资500多亿美元。厦门经济特区扩大到全市，平潭开放开发成效显著，闽港澳侨合作成果丰硕。"

正是在这样的基础上，福建省第九次党代会报告发出未来五年要"积极实施全方位高水平大开放战略"的强音。

——发挥福建开放型经济优势，充分利用国内国外两个市场、两种资源，善于从国际形势发展变化中把握机遇，在经济全球化中获得更大的发展空间。

——进一步扩大利用外资规模，提高利用外资质量，积极引进先进技术、管理经验和高素质人才。

——加快转变外贸增长方式，优化出口产品结构，促进加工贸易转型升级，加快培育以技术、品牌、质量、服务为核心竞争力的出口新优势。

——加快实施"走出去"战略，支持企业到境外投资。

——继续办好"9·8"投洽会等重大经贸活动，扩大国际影响力和吸引力。

——加快各类开发园区整合、拓展和提升，促进功能完善的开发园区向城市新区发展。

——深化闽港闽澳合作，提高合作层次和水平。充分发挥海外华侨华人众多、爱国爱乡的优势，积极引进侨资侨智。

——牢固树立"环境是对外开放第一竞争力"理念，努力营造良好的投资环境。

综观上述提法，都十分契合福建实际、国家政策、国际趋势。个别提法，就是放在今天都有很强的针对性。比如"充分利用国内国际两个市场、两种资源"。事实上，对外开放兼具两个维度，一个是向国外、向境外开放，再一个是向省外开放。

国内市场、国内资源是什么呢？从市场层面来说，国内有十几亿人口，本身就是一个庞大的市场主体，国外产品都大举进军中国市场，这就更应该重视国内市场。特别是位于东南沿海开放的福建、民营经济发达的地区，无论是产业还是产品向国内市场延伸、投放，都是市场经济的必然选择；中西部地区依然存在与东部沿海发

厦门"9·8"投洽会

达省市产业梯度落差,产业垂直分工成为另一种必然。

国内资源含义甚广,有劳动力资源、矿产资源、人才资源、政策资源等,仅就政策资源而言,福建处在长三角与珠三角的中间,完全可以对接这两个地方的政策优势,这对于十年前的福建来说,有这种需求。

长三角和珠三角是中国改革开放的最前沿,它们的市场、产业、人才、资金等各种要素汇聚成中国最成熟的开放态势,与国际接轨的能力最强,因此,有评论指出,与长三角的上海、珠三角的深圳和广州的资源对接,实际上就是跟国际接轨、跟世界接轨。近年,随着粤港澳大湾区的崛起,珠三角所凸显的区位优势更加清晰。

福建的对外开放,单从向长三角、珠三角这两个国内市场开放就有许多文章可做,同时,善用这个区域的资源优势,也是福建开放的必然功课。实际上,正如上述,对接长三角与珠三角,就是对接国际与世界。

十年前福建提出"充分利用国内国外两个市场、两种资源,善于从国际形势发展变化中把握机遇,在经济全球化中获得更大的发展空间",是深具前瞻性与洞察力的。现在回头看,福建在"双循环"中是占了先机的。

中国(福建)自由贸易试验区厦门片区

　　2016年11月福建省第十次党代会召开之际，福建的对外开放形势已进入一个全新的格局，在平潭综合实验区的基础上，2012年到2016年的五年间，又叠加了自贸试验区、海丝核心区。"自贸试验区建设取得积极进展，投资贸易便利化水平显著提升。海丝核心区建设加快推进，与东盟等海丝沿线国家和地区合作交流更加紧密，'走出去'步伐加快。"

　　以此为基础，福建省第十次党代会报告提出了未来五年"拓展对内对外开放新

福州闽江两岸

空间"，包括：

——主动服务和融入国家开放总体布局，完善法治化、国际化、便利化的营商环境，全面提升开放型经济水平。

——注重发挥出口的带动作用，鼓励引导产品、技术、服务"全产业链"出口，加快培育新型贸易方式，推动我省从外贸大省向强省转变。

——创新利用外资方式和工作机制，继续办好"9·8"国际投洽会和"6·18"

项目成果交易会等,积极有效引进境外资金和先进技术,支持福建企业"走出去"。

——深化闽港闽澳经贸合作。

——自贸试验区要坚持以制度创新为核心,加快建立与国际投资贸易通行规则相衔接的制度体系,加快创新成果复制推广,发挥自贸试验区溢出效应。

——海丝核心区要充分发挥侨的优势,加快海陆空及信息通道互联互通,聚焦产能合作、经贸往来、金融合作和人文交流,重点拓展与东盟的合作交流,积极开拓南亚、西亚、非洲等新兴市场,成为"一带一路"建设的排头兵。

——福州新区要科学规划布局,创新管理体制和管理方式,推进产城融合,打造带动全省发展的新引擎。

可以这么认为,从2012年到2021年,是福建对外开放政策优势最明显、平台载体最丰富、抓手最多的时期。正是这种"多区叠加"的总体布局,使福建始终处在国家对外开放的最前沿,因此,"主动服务和融入国家开放总体布局,完善法治化、国际化、便利化的营商环境,全面提升开放型经济水平",是福建的自我期许与鞭策。

"国家开放总体布局",既有"一带一路"倡议与推进,又有自由贸易试验区建设和海丝核心区建设,说到底都是国家对外开放总体布局的环节,"主动服务和融入",则意境全开。

那么,从第十次党代会到第十一次党代会这五年间,福建对外开放的格局和水平又是如何？简言之,就是"发挥多区叠加优势,改革开放不断深化。扎实推进146项重点改革任务。'放管服'改革有效落地,企业开办时间大幅缩减。我省自贸试验区首创196项改革举措,海上丝绸之路核心区八大工程取得实效,与'一带一路'沿线国家和地区贸易额不断增长"。

由是,"推进高水平对外开放"成为未来五年,当然也是"十四五"期间福建对外开放的总体要求。

——巩固拓展先行对外开放优势,深入推进制度型开放,加快建设开放强省。

——以高标准、可持续、惠民生为目标,深化海上丝绸之路核心区建设,全面衔接丝绸之路经济带建设,实施对接区域全面经济伙伴关系协定(RCEP)行动计划和"丝路伙伴计划",巩固互联互通合作基础,拓展国际合作新空间,稳妥开展健康、绿色、数字、创新等新领域合作,优质打造标志性工程,扎牢风险防控网络。

——推动自贸试验区扩区提质,探索实施自由港政策,提高贸易和投资自由化

厦门鼓浪屿

便利化水平,建设层次更高、辐射作用更强的对外开放新高地。

——扎实建设厦门金砖国家新工业革命伙伴关系创新基地,打造一批标志性平台和旗舰型项目。

——推进贸易创新发展,扩大同周边国家贸易规模,鼓励发展跨境电商等外贸新业态新模式。

——加大利用外资力度,更好发挥中国国际投资贸易洽谈会作用,提升开发区引资平台功能,加快国际化商务载体等建设,更好吸引外资集聚。

这三次党代会报告所涉及的对外开放内容的表述,清晰勾勒出过去十年以及未来五年福建对外开放的"路线图"。确实,一步一个脚印,福建对外开放的步伐扎实有力,内涵越来越丰富。

未来想象的空间无限广阔。"探索实施自由港政策",仅此一句话就足以表明福建将在更高起点上对外开放的决心与信心。"更高起点"在哪里?深入推进制度型开放是也,是深化海丝核心区建设、对接RCEP、自贸试验区扩区提质。那么,在这"更高起点"上,探索实施自由港政策也就顺理成章。必须指出的是,这是过往三次党代会上第一次提到实施自由港政策，尽管只是"探索"，但是，它省掉了"某些"两个字——以往，比如上世纪八九十年代，谈到厦门经济特区对外开放时，只是提到"自由港某些政策"。

世界已进入"地球村""命运共同体"的全新时代，福建和中国一样，开放的大门只会越开越大，自信地参与改变世界、提供中国方案。

中国持续扩大开放、共建人类命运共同体的大国担当，世界看在眼里。

作为中国改革开放最早，且赋予使命最多的省份之一，福建的担当作为、发展水平，世界看在眼里。

八闽儿女当自豪，福建的改革开放始终与国家战略同频共振。先行一步，经济特区，沿海开放城市，经济技术开发区，台商投资区以及出口加工区、保税区，平潭综合实验区等，改革开放的格局坚定地向多层次、立体化挺进。

开放的决心、起步和过程尽管无比艰辛，但风雨过后现彩虹，眼前已是一条繁花似锦、硕果满枝的阳关大道。

风从海上来。在这个新时代，幸福福建的温度与质感在八闽儿女的心中盛放如花。

福建的世界，正向世界的福建飞速地历史性地转变着。

第二章
山之碧绿

十年来，福建坚持绿色发展，生态省建设持续深化。努力建设好全国首个国家生态文明试验区，坚决打好污染防治攻坚战。全省单位地区生产总值能耗持续降低，劳动生产率持续提升。武夷山成为我国首批国家公园，长汀经验成为世界生态修复典型，木兰溪治理成为新中国水利变害为利、造福人民的范例。城市空气质量优良天数比例99.2%，森林覆盖率连续43年保持全国第1位，清新绿色已成为福建百姓引以为豪的亮丽名片。

武夷山国家公园

一、青山绿水是无价之宝

2021年10月，中国公布正式设立首批五个国家公园，武夷山国家公园与三江源国家公园、大熊猫国家公园、东北虎豹国家公园、海南热带雨林国家公园一起入列。

武夷山是世界文化与自然双遗产地，拥有同纬度保存最完整、最典型、面积最大的中亚热带森林生态系统。去过武夷山的人都为其"奇秀甲东南"的绮丽景色所陶醉。

在武夷山国家公园设立之际，中新社记者来到公园腹地武夷山市星村镇桐木村，如此描写到："沿途植被茂密，不时可见多彩蝴蝶飞舞，藏酋猴欢快嬉戏。路边的青苔上，如云朵的野生银耳、像豆沙包的豆包菌，还有圆叶挖耳草、野生兰，还有溪流中的鱼儿等，令人目不暇接。"

武夷山是福建的一张亮丽名片。

福建是习近平生态文明思想的重要孕育地和实践地。

1997年4月11日，时任福建省委副书记习近平来到三明市将乐县高唐镇常口村调研，指出："青山绿水是无价之宝，山区要画好'山水画'，做好山水田文章。"

群山环绕的武夷山桐木村

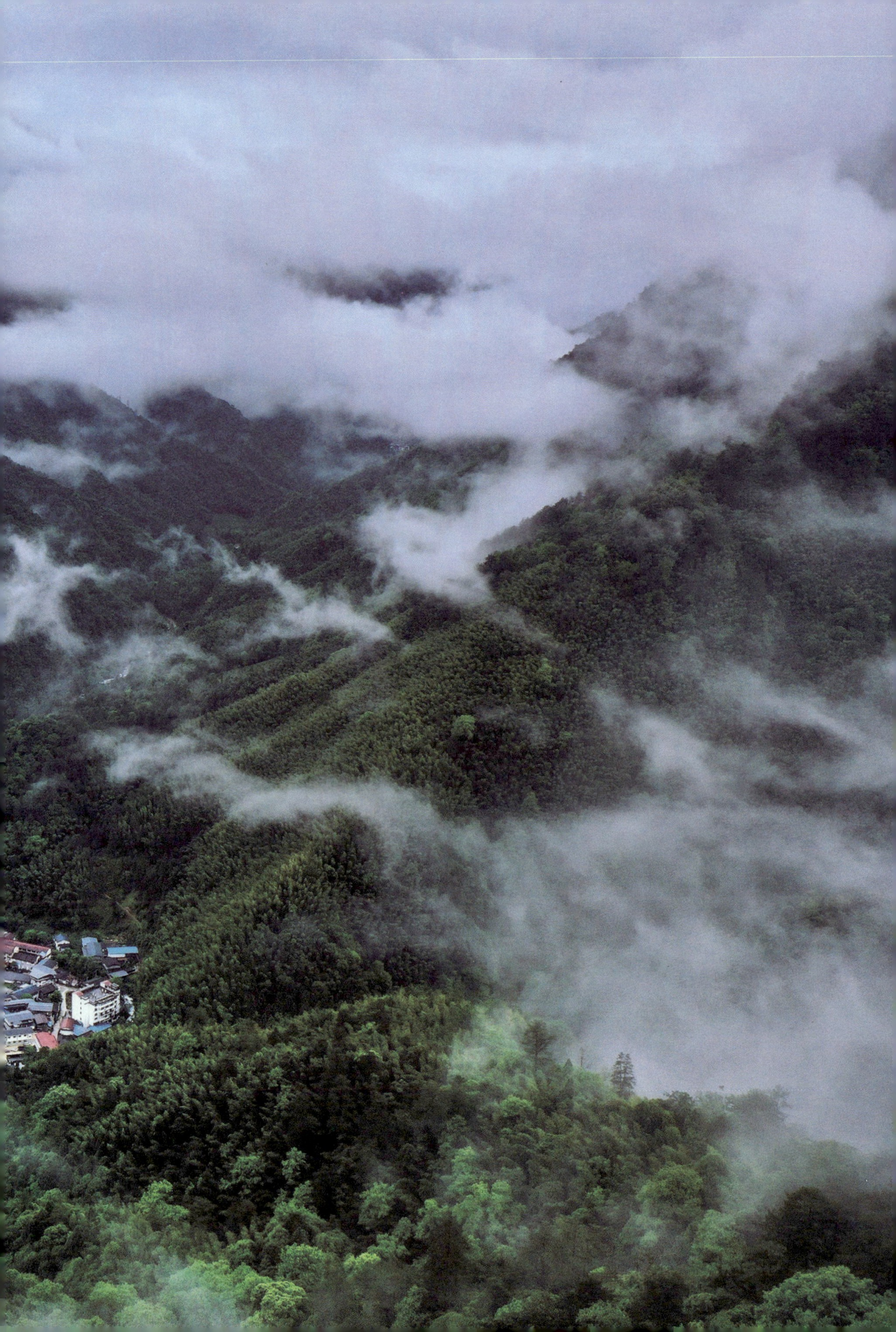

常口村是三明、福建践行"两山理论"的典型缩影。30年前,常口村被称为"三无村"。如今,这个小山村已是旧貌换新颜,村居错落有致,村容整洁有序

常口村宽阔河面上皮划艇穿梭其间,与青山绿水相得益彰

2005年8月15日，时任浙江省委书记习近平在浙江湖州安吉考察时，提出了"绿水青山就是金山银山"的科学论断。2017年10月，"两山理论"写入党的十九大报告。

2021年3月22日，中共中央总书记、国家主席习近平来到武夷山国家公园考察，他殷殷嘱托："武夷山有着无与伦比的生态人文资源，是中华民族的骄傲，最重要的还是保护好！"

保护好八闽大地的青山绿水，成为福建上下的强烈共识与积极行动。

2016年8月，中共中央办公厅、国务院办公厅印发了《关于设立统一规范的国家生态文明试验区的意见》及《国家生态文明试验区（福建）实施方案》。福建被列为全国首个国家生态文明试验区后，生态省建设进入新阶段。

科考人员行进在武夷山国家公园腹地

夕阳下的武夷山国家公园丹霞群峦

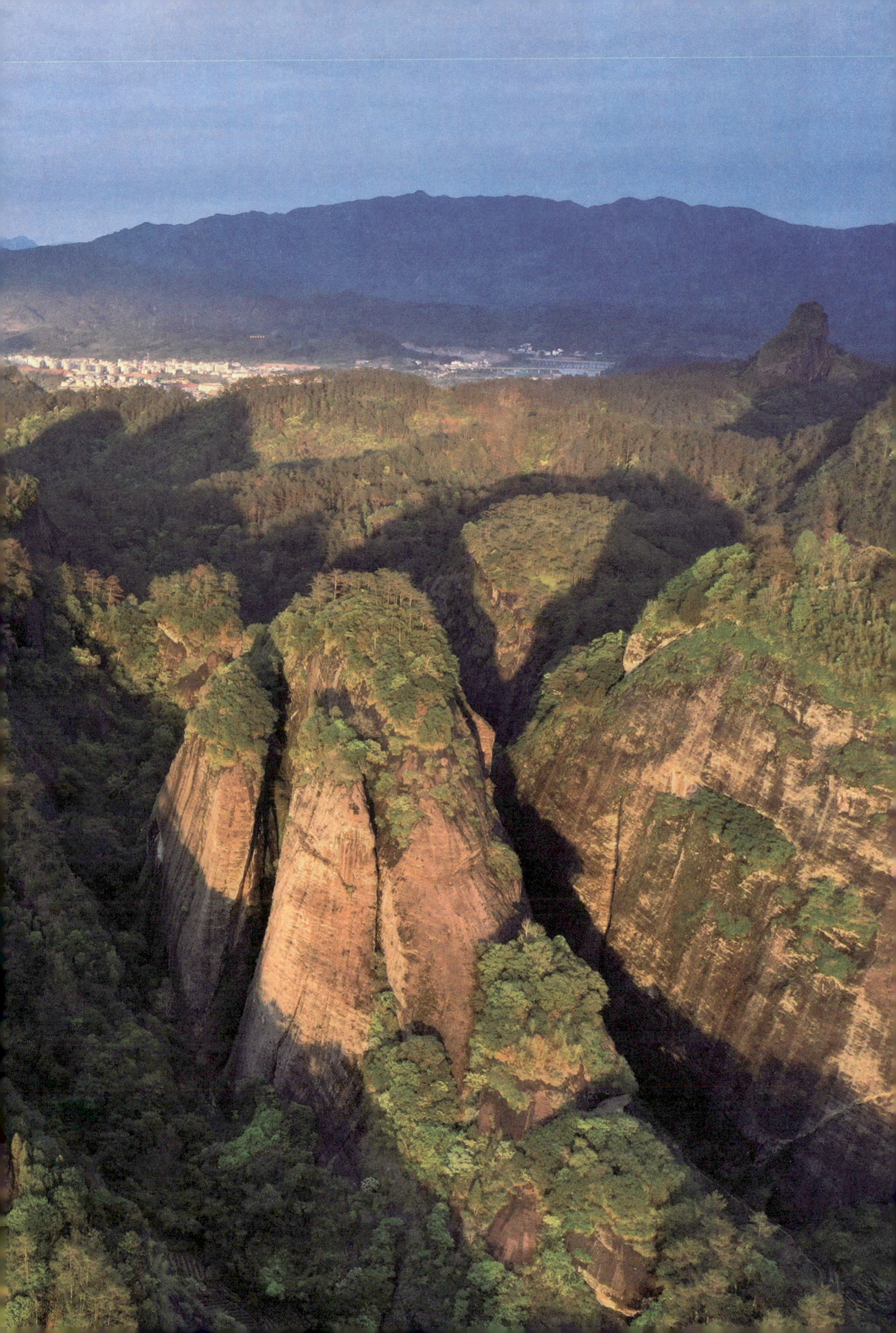

实施方案提出：福建省是我国南方地区重要的生态屏障，生态文明建设基础较好，多年来持之以恒实施生态省战略，在生态文明体制机制创新方面进行了一系列有益探索，取得了积极成效，具备良好工作基础。按照整体协调推进和鼓励试点先行相结合的原则，支持福建省建设国家生态文明试验区，整合规范现有相关试点示范，推动一些难度较大、确需先行探索的重点改革任务在福建省先行先试，有利于

武夷山国家公园云蒸霞蔚

更好地发挥福建省改革"试验田"作用,探索可复制、可推广的有效模式,引领带动全国生态文明体制改革。

实施方案提出了目标任务:到2020年,试验区建设取得重大进展,为全国生态文明体制改革创造出一批典型经验,在推进生态文明领域治理体系和治理能力现代化上走在全国前列……

可喜的是，2020年，经中国工程院评估，《国家生态文明试验区（福建）实施方案》26项重点任务全面完成，按期取得了38项重大改革成果，39项改革举措和经验做法向全国复制推广。

在2022年1月22日福建省第十三届人民代表大会第六次会议上，代省长赵龙如是报告：福建生态省建设扎实推进，九市一区城市空气优良天数比例99.2%，主要流域优良水质比例97.3%，近岸海域优良水质比例85.2%。闽江、九龙江等流域山水林田湖草沙一体化保护修复深入实施。全省森林覆盖率连续43年保持全国首位。三明、龙岩获评国家生态文明建设示范市，长汀水土流失治理入选世界生态修复典型案例。

二、践行"两山理论"

对福建干部群众来说，"两山理论"再熟悉与亲切不过了。

2020年8月2日，南平市在武夷新区举办"两山理论"实践与创新高峰论坛，现场发布由中国工程院"生态文明建设"国家战略重大咨询项目课题组编制的《南平市生态文明治理现代化探索研究报告》。2020年是福建生态省战略实施20周年，也是福建国家生态文明试验区建设的评估验收之年。

来自中国工程院、中国科学院、中央党校、中国环境科学研究院、北京大学、清华大学、山东大学以及国家有关部委、行业协会等机构的专家学者、业界人士逾200人与会。不过，此次"两山理论"实践与创新高峰论坛其实并未引起媒体与社会广泛关注、产生轰动效应。正如南平在生态文明建设上的内敛——南平坐拥世界双遗产地武夷山，是福建母亲河闽江的主要源头，近年却显得低调内敛，凡事不张扬。

南平位于福建北部，森林覆盖率77.9%，素有"南方林海""中国竹乡"的美称。时任南平市委书记袁毅在论坛上称：近年来，南平认真践行"两山理论"，统筹山水林田湖草系统治理，探索建立边界清晰、权责明确的国有自然资源资产管理体系，建设国有自然资源资产管理体制改革试点；系统谋划推动绿水青山转化为金山银山的路径，推进生态产业化和产业生态化，形成了"选产业、补短板、延链条、强保障"的基本思路，创造性地构建了以生态文明治理现代化为目标，以绿色发展考核评价体系为导向，以选准做优与绿水青山相得益彰的现代绿色农业、旅游、健康养生、生物、数字信息、先进制造、文化创意等七大绿色产业为支撑，以在全国首创的"武夷品牌""生态银行""水美经济"三项创新为动力的绿色发展体系，探索一条"机制活、产业优、百姓富、生态美"的绿色发展新路，交出一份践行"两山理论"的南平答卷。

南平全境有大小河流700多条，人均拥有水资源是全国人均水平的5倍多。所谓"水美经济"，即以水补山、以山带水，通过大力开展畜禽养殖污染整治，高标准推动水美城市建设，激活城市发展新动能，发展水美新业态新经济。据了解，南平市策划形成12个总投资300亿元的水美城市项目，整合捆绑涉水政策配套资金，突出市场化、公司化运作，高质量推进项目建设。水利部以南平为样板，编制《水美城市建设规划导则》，为全国推广制定标准。

"水美经济"是南平立足自身自然资源优势和特点，倾力打造的经济发展模式，它与全域旅游相结合，有效带动了文旅产业经济发展。福建农林大学海峡乡村建设学院、新农村发展研究院教授温铁军认为，"水美经济"的消费者是中等收入人群，它具有定制化、个性化的消费模式，一般消费的概念无法面对大武夷的"水美经济"。生态资源与"下乡"的城市中产阶层对接以后，乡村治理、管理方式也将相应发生变化。

靠山吃山，靠水吃水，此一时彼一时。用温铁军教授的观点分析"水美经济"在南平的实践，这种"吃法"正逢其时。清华大学黄河研究中心主任、水利水电工程系教授张红武认为，南平市以水为本，在水资源利用、水环境保护等方面将大有可为，水美必将造福全体百姓。就在这个论坛召开的2020年，南平市又挖掘、培育"水美经济"项目150多个，总投资达400多亿元。

"水美经济"之外，南平在践行"两山理论"过程中，积极探索"生态银行"。

什么是"生态银行"？

"生态银行"实际上是借鉴商业银行"分散化输入、集中式输出"的模式，通过建设"生态银行"搭建自然资源运营管理平台，破解资源分散难统计、碎片化资源难聚合、优质化资产难提升、社会化资本难引进等问题，推动生态产品价值可量化、能变现。

简言之，就是存入"绿水青山"，取出"金山银山"。在"生态银行"里，村

闽北林海

民变成"储户",他们手中闲置、零散的山水林地产生了价值。

2018年以来,南平市在全国首创"生态银行"机制,把森林、水、矿土等分散化资源规模化收储、整合、优化,再由政府搭台引入有实力的龙头企业,导入新产业、新项目,使资源变资产、资产变资本,探索出一条生态产业化、产业生态化的绿色发展新路,如顺昌县"森林生态银行"、武夷山市五夫镇"文化生态银行"等多种运作模式。

让我们一探顺昌县"森林生态银行"和武夷山市五夫镇"文化生态银行"之究竟。

顺昌有"闽北林海"之称,森林资源丰富,森林覆盖率高达80.34%,拥有林地250万亩,林木蓄积量1800万立方米,是中国唯一的杉木之乡、首批竹子之乡和国家木材战略储备基地县。2018年起,顺昌县依托县国有林场,将分散、零碎的林业资源规模化、集约化整合,由国有林场实行专业化运营增值,方式由林农自愿选择,可股份合作,可租赁,可托管,还可以直接流转林木所有权和林地承包经营权。到

2021年底，全县"森林生态银行"已完成收储3498户农户林木林地7.62万亩，林权贷款抵押林地面积9.5万亩，8.46亿元资金直达林农手中。

2021年3月，顺昌县国有林场与兴业银行南平分行签订全省首单林业碳汇质押贷款和远期约定回购协议"碳汇贷"，成功将2个林业碳汇项目存量未售的30万吨碳汇产品预期收益权作为质押标的物，向兴业银行融资2000万元，用于提升森林质量和林业碳汇增量。

2021年11月，国家林草局发布第二批林业改革发展典型案例，顺昌县探索"森林生态银行"运行机制入选。

探索还在继续。对闽北而言，建立"森林生态银行"具有普遍意义，这是盘活森林资源，永续发展经济的重要途径。顺昌县还组建了政策性林权担保公司，为实体企业、个体林农提供融资担保服务；启动林业资产整体上市工作，探索林业资产证券化道路，努力探索构建多方位立体化金融服务体系。

"文化生态银行"又是怎么一回事呢？

2020年7月9日，国家发改委网站一篇标题为《武夷山市：以"生态银行"激活"生态红利"》的文章这样写道：2018年，武夷山市在五夫镇开展"文化生态银行"试点，依托"大武夷"旅游背景优势，通过组建市场化的运作主体——朱子生态农业有限公司，对各类生态资源进行统筹开发，推进产业生态化和生态产业化，探索出生态文明治理体系与治理能力现代化的"武夷样本"。

武夷山市五夫镇是武夷山世界文化与自然双遗产的重要载体，是国家级历史文化名镇和特色小镇。五夫镇境内至今还完整保留着30多处理学文化遗迹，有紫阳楼、兴贤古街、兴贤书院、刘氏宗祠、连氏节孝坊、朱子社仓、五贤井、朱子巷、古街牌坊、半亩方塘遗址等文化景点。

朱子生态农业有限公司（朱子生态公司）"预存"古民居50栋、土地1500亩、林地3800亩。当地创新"公司＋村集体"机制，由村集体企业从村民手中流转经营权后再同朱子生态公司合作，实现资源统一运营。群众以生态、文化、旅游资源质押入股项目，享受分红回报，形成资源"二级市场"，提升资源开发过程的市场化水平。

创建"文化生态银行"的目的就是发展文化旅游。武夷山市五夫镇构建"文化＋业态＋资源"模式，多角度设计产业业态，实施一批"朱子文化＋研学＋古镇资源""朱子文化+耕读+农业资源""朱子文化+旅游+古镇资源""朱子文化+度假+自然风光"项目，举办影、诗、画、礼、荷等"印象五夫"系列活动，将朱子文化中的古朴田园思想与乡村休闲旅游结合，推进绿色经济发展。

2020年12月的统计数据表明，武夷山市五夫镇已完成26.6万亩土地、21.2万亩林地、64公里河流、392万立方米水库等资源的摸底调查，"籍溪草堂""五夫里文创工作室"等8个文旅（文创）项目和"朱子佳酒""熹柳镇农特产品馆"等12个农旅项目已投入运营。

受益的何止是五夫镇！

2022年，武夷山南源岭村林家别苑客栈，六旬出头的林月良忙着招呼天南地北的客人。南源岭村离武夷山景区大门只有一两公里，这里可以说是武夷山市民宿发源地。

南源岭村原先的村址在武夷山核心景区里，1998年武夷山为了申遗，进行环境综合整治，三个月时间内将包括南源岭村在内的7个村386户搬迁出核心景区，并帮助家家户户建好一层，还绿化好。武夷山管委会将此工程戏称为申遗的"跳崖工程"——如果做不好，书记就带头从大王峰跳下来。

谁也不用跳崖。1999年12月1日，武夷山正式被联合国教科文组织列入世界自然和文化遗产名录，实现了福建省世界遗产零的突破。申遗成功，再加上交通的改善，来武夷山旅游的人数呈爆发式上升。南源岭村的家家户户在管委会帮助建房的基础上添砖加瓦，并纷纷开起了民宿，实现了另一种意义上的"靠山吃山"。

2019年，武夷山旅游总收入354亿元，旅游接待总人数1669万人次。是年，武夷山成功入选首批国家全域旅游示范区，上榜县域旅游全国百强，"万里茶道"列入《中国世界文化遗产预备名单》。武夷山旅游城市的形象也像玉女峰一样婀娜多姿，在转变、提升中打造生态之城、文化之城、运动之城、休闲之城、品质之城、创新之城。

改革开放之初的武夷山，"养在深闺人未识"，乱砍滥伐险些让九曲溪走骆驼，在严格实施保护和开发后，用三十多年的时间有力反问：谁说绿水青山就不是金山银山？！

闽北具有丰富的生态资源与人文资源，推广"森林生态银行"与"文化生态银行"，推动生态文明建设和经济发展，是南平市面临的关键问题。目前，顺昌县"森

万里茶道起点武夷山下梅村

林生态银行"、光泽县"水生态银行"、武夷山市五夫镇"文化生态银行"、建阳区"建盏生态银行"、延平区巨口乡"古厝生态银行"等多种模式落地开花,它们都以当地特色、特殊资源为依托,将资源变成资本,将资本变现,投入再生产。

既要金山,也要绿水青山,生态文明在福建全域都擦亮了发展的底色。

如今的福建,人与森林和谐共处,"绿水青山就是金山银山"的理念深入人心,林下经济方兴未艾,"不砍树也能致富"正一步步照进现实。

俄国作家、诺贝尔文学奖得主蒲宁曾说:"在这个莫名其妙的世界上,无论怎么叫人发愁,它总还是美丽的。"

完全可以把蒲宁说的这个"美丽",移植过来给福建加冕。

在福建,无论还有什么事让人发愁,但总是青山常在、清水常流、空气常新,身边总是瓷实地拥有一个美好的家园。

来福建共享绿色福利的八方来客发自内心地点赞:"撼山易,撼福建森林覆盖率难。"森林覆盖率蝉联全国第一的福建,不争地成为全国最绿的省份,清新福建已成为一张最亮丽的名片。

从改革开放之初的长汀水土保持"三字经",到新世纪之初的生态省建设、长汀经验,再到今天的国家生态文明试验区,一步一个脚印,一步一层楼!青山会为决策者的长远目光做证,绿水当为探索美丽图景、创造幸福生活的人们献上赞歌!

莫道绿树无言。"天际识归舟,云中辨江树。"有了树,才有了真正的诗意家园。福建的绿水青山,就是发展旅游、富裕百姓的金字招牌。

泰宁丹霞地貌

三、林权，林权

南（平）三（明）龙（岩）是福建的绿色腹地，山峦起伏，林海莽莽。武夷山之余脉往南伸入三明境内，奇峰俊秀，曲水汤汤。

2010年8月1日，"中国丹霞"被列入世界遗产名录。其中，位于三明泰宁的丹霞地貌是"中国丹霞"的六大组成部分之一。泰宁丹霞地貌保持了生态环境的原生性、生物和生态多样性，已开发金湖、上清溪等七大景区。2005年这里被联合国教科文组织评为世界地质公园，还是国家重点风景名胜区、国家5A级旅游区、国家森林公园、国家地质公园。

泰宁所在的三明是全国重点林区。三明的森林覆盖率高达78.7%，森林蓄积量1.86亿立方米，森林负氧离子平均浓度达到每立方厘米1500个。

山林是三明最大的资源与财富。然而，从前三明却是因工业而兴的。

受制于僵化林业政策的约束，三明当地农民守着金碗讨饭吃。然而，20年前一场轰轰烈烈的集体林权制度改革，使三明冲破体制的藩篱，绝处逢生。

《中华英才》杂志2022年第一期以《牢记重要嘱托，三明林改再出发》为题，对三明林改进行了全景式的深度报道。文章提出：无论是以林改历史为坐标，还是以林改精神为标识，三明都注定会在林改的历史上留下浓墨重彩的一笔。

三明是怎么撬动林改的呢？

近年来，许多媒体都聚焦在三明林改，认为三明林改的意义堪比安徽小岗村的联产承包责任制。但事实上，如果我们回顾这二十多年林改在三明永安、沙县，在龙岩武平，在南平顺昌等地的实践，便可以发现，林改可能要艰巨复杂得多。

2001年6月，武平县委、县政府开拓创新，从明晰产权入手，研究出台林改政策，指导万安乡捷文村全力推行林改。同年12月，中国第一本新版林权证就发放

捷文村"我有青山"主题馆展示的捷文村村民领到的全国第一本新版林权证图片

给了捷文村林农。

2002年以来，福建省委、省政府持续开展以"明晰所有权、放活经营权、落实处置权、确保收益权"为主要内容的集体林权制度改革，实现山有其主、主有其权、权有其责、责有其利。

而三明的林改就是在政策的引导下，通过自身的不断探索，始终走在福建林改的前列。

2004年4月，三明被国家林业局确定为全国集体林区林业产权制度改革试点，并于2005年底在全省率先完成明晰产权的主体改革任务，分山到户的农民陆续拿到了绿色的产权证。

2004年，三明永安率先开始了集体林权制度配套改革，并成立了全国第一家林业要素市场，这让林农在确权发证后，第一次有了将自有林木所有权和林地使用权通过抵押获得贷款的可能。2005年，沙县西霞村在全县第一个实现林地整村托管给村集体经营。

2014年以后，三明巩固深化林业改革成果，一批基层乡村率先成立了林业专业合作社，将分散的林地集中到合作社规模化托管经营，培育新型林业经营主体。紧接着，三明又推出了期限为20年到30年的林权按揭贷款，使资源变资产。

改革进入了深水区。

2019年底，沙县率先在福建省推出林票制改革，持有林票的村民可随时在农村产权交易中心挂牌交易。

林票是新生事物。

林票是一种股权凭证，国有林企与村集体共同出资经营集体林场，投资份额按股计算，村民也可认购。2020年4月2日，三明市林业局印发《三明市林票管理办法（试行第二版）》，明确股权型林票从制发到交易、质押以及注销的相关规定，明

村民在三明市沙县区农村产权交易中心办理林权登记

三明林票

确债权型林票发放、债权型林票向金融机构申请质押贷款以及注销的相关规定等。

林票制度是三明深化集体林权制度改革的重要探索。2020年，林票制度入列《国家生态文明试验区改革举措和经验做法推广清单》，向全国推广。截至2021年9月，三明全市已发行林票面积11.34万亩，金额1.12亿元。

2021年3月23日，中共中央总书记、国家主席习近平来到三明沙县农村产权交易中心，对三明林改的积极探索表示肯定并指出，三明集体林权制度改革探索很有意义，要坚持正确改革方向，尊重群众首创精神，积极稳妥推进集体林权制度创新，探索完善生态产品价值实现机制，力争实现新的突破。

2021年5月11日，三明市发展和改革委员会、三明市自然资源局、三明市生态环境局、三明市林业局、三明市地方金融监督管理局，联合印发《三明市林业碳票管理办法（试行）》。

所谓林业碳票，照《三明市林业碳票管理办法（试行）》的说法，是指三明行政区域内权属清晰的林地、林木，依据《三明林业碳票碳减排量计量方法》，经第三方机构监测核算、专家审查、林业主管部门审定、生态环境主管部门备案签发的碳减排量而制发的具有收益权的凭证，赋予交易、质押、兑现、抵消等权能。

2021年5月18日，三明市将乐县常口村党支部书记张林顺代表全村领取了一张编号为"0000001"的林业碳票，这是全国首张林业碳票。

从林票到林业碳票，是三明林改的又一重要举措。

武平是福建林权制度改革的先行者，在福建生态省建设走过20个年头的今天，对武平的林改做一点着墨，是有意义的。

武平是习近平总书记亲手抓起、亲自主导的集体林权制度改革的发源地，被誉为"全国林改第一县"。这场改革迄今已逾20年。

武平县万安乡捷文村，七十多岁的村民李桂林依然身手矫健。这些年来，他一半多的时间都在山上，看护他的杉木林以及林下种植的草珊瑚。草珊瑚他一种就十多亩，一斤差不多可卖上七八元钱。然而二十多年前，李桂林以及当时所有的林农，对眼前这片山林却实在爱不起来，而且那时这一带基本都是荒山。

2001年之前，由于产权、经营主体不明等原因，村民普遍认为"山是公家的"，武平林业发展饱受乱砍滥伐难制止、林火扑救难动员、造林育林难投入、林业产业难发展、望着青山难收益"五大难题"困扰。

1999年，在万安乡采购站上班的李永兴内退回捷文村担任党支书，上任后一查账，十余年间林子被砍无数，村集体账目竟还倒欠28万元。他一怒之下，组织村干部白天值班、夜里设卡，坚决杜绝盗伐集体林势头蔓延，结果得罪了村里一些人。

全国林改策源地福建武平捷文村

武平中山河国家湿地公园是福建省唯一的跨省流域湿地公园，位于闽粤赣三省接合部，公园总面积2.3万亩，南北河流长66.4公里，是以保护和恢复河流自然生态系统为主，集科普、示范、休闲于一体的国家级湿地公园

有天晚上九点过后，有个地痞还跑到李永兴家，拿着铁器打他。

变革在僵局中孕育。2001年5月，福建省林业厅根据国家林业局推行换发全国统一样式林权证的部署，组织开展换证试点，武平县被确定为试点县之一。武平县委、县政府考虑借这个机会把产权明晰了，决心在万安乡两个村进行集体山林"包林到户"的试点。但有一个村搞了一个多月就是搞不下去，李永兴听说后，就毛遂自荐，由捷文村来搞，也借机整顿村里盗伐林木的不良现象。之后的两个月里，村"两委"带着测绘人员走遍全村每座山头，为全村164户人家勘定分界。捷文这个小山村，就这样意外地走进了历史的发端。

2001年12月30日，捷文村村民李桂林拿到了编号为0001号的中国第一本新版林权证，上面清清楚楚标注着"林地使用权、林木所有权和林木使用权归林农自己所有"。

林改不可避免地触犯某些人的利益。在既没有上级授权，也没法律依据，更没其他地方经验做法参考之时，武平"抢跑"了第一步。方方面面的质疑，让时任县委书记严金静倍感压力。压力就在于，万一试点不成功，那就是一个灭顶之灾。试点不成功，乱砍滥伐成为一个势头蔓延开来，整个县的森林资源就保不住了。

几个月后，2002年6月21日，时任福建省省长习近平带着省直相关部门负责人，专程来到武平县调研，认为林改的方向是对的，关键要脚踏实地向前推进，让老百姓真正受益，作出"集体林权制度改革要像家庭联产承包责任制那样从山下转向山上"的重要指示，为林改一锤定音。

武平县委、县政府由此坚定了林改的信心和决心，在捷文村试点的基础上制定出台了《关于深化集体林地林木产权制度改革的意见》。

山定权，树定根，人定心，国家得绿，林农得利。武平林改经验由此逐步向全省、全国铺开，最早提出的"四权"（明晰产权、放活经营权、落实处置权、保障收益权）等林改模式被吸纳进中共中央、国务院2008年6月出台的《关于全面推进集体林权制度改革的意见》。全国集体林权改革全面启动后，时任国家林业局局长赵树丛三次来到捷文村，明确捷文村是"林改第一村"。

2018年1月15日，捷文村群众收到有关方面转达的习近平总书记的勉励："希望大家继续埋头苦干，保护好绿水青山，发展好林下经济、乡村旅游，把村庄建设得更加美丽，让日子越过越红火。"

2019年12月25日，捷文村入选第一批国家森林乡村名单。2020年8月26日，捷文村入选第二批全国乡村旅游重点村名单。

捷文村积极探索"党支部+公司+合作社+基地+农户"模式，先后打造六大林下特色种养基地，成立四个专业合作社及一家村级公司。村民人均可支配收入由2001年的1600元，增长至2020年的25008元，增长近15倍。森林覆盖率由2001年的78%增长至2020年的84.2%。

走进捷文村村口，一块牌子醒目而竖，中间写着护林公约，两旁则刻着一副对联，上联"昔日山中砍树年年苦"，下联"今日林下生金户户欢"，横批"林改真好"。

正如捷文村的发展所揭示的，"分山到户"仅是林改的第一步，实现生态和社会效益的有机统一，实现"生态美、百姓富"的有机统一，才是林改的核心目标和关键所在。在推动林改纵深发展中，武平在全国实现了"三个率先"——

率先开展林权抵押贷款，盘活了林农资产，让林权证真正成为林农的"绿色信

用卡",并推出普惠金融惠林卡金融新产品,为发展林下经济提供更为便捷的资金保障;

率先探索商品林赎买。武平被列为全省首批重点生态区位商品林赎买试点县,通过赎买、租赁、置换、合作经营等多种改革方式,让待砍伐的商品林变身为清新武平的"绿色不动产",实现青山得绿、林农得利;

率先探索兴"林"扶贫,以国家林下经济示范基地建设为抓手,结合精准扶贫,鼓励农民大力发展林下经济,走出脱贫攻坚"武平模式",让武平在脱贫攻坚战役中写下了浓墨重彩的一笔。2016年,武平荣获"全国扶贫系统先进集体"称号。

林改还催生了好生态。如今,武平森林覆盖率79.7%,林木蓄积量比林改前增长了1.4倍。武平生态环境质量因森林覆盖率高、生物多样性好、生态系统稳定而居全省第二位。武平人喊出"来武平,我氧你"的口号,喊得豪气干云。

武平林改与三明林改有异曲同工之处,其林改经验,与三明、南平等地的林改经验一起,都成为福建省生态文明试验区建设的有益探索。这场发源于福建的林改,开启了全国集体林权制度改革的先河,探索出一条推进绿色发展的康庄大道。

2022年9月1日,时任中共福建省委书记尹力在"中国这十年·福建"主题新闻发布会答记者问时说:福建深入推进集体林权制度改革,率先探索生态公益林补偿、重点区位商品林赎买、林业碳汇交易、林长制等,全省林业总产值7000多亿元,居全国第三位,是林改前10倍多,涉林收入成为林农增收致富的重要来源。

四、人与青山两不负

2021年10月,联合国《生物多样性公约》第十五次缔约方大会在云南昆明召开。会上,长汀水土流失综合治理与生态修复实践入选生态修复典型案例。

长汀经验,凝结了多少人的实践与探索!

曾几何时,由于乱砍滥伐,福建山区水土流失十分严重。

俗话说,毁树容易种树难,难就难在水土流失积重难返。长汀曾经是中国南方红壤区水土流失最严重的县份之一,是中国四大水土流失严重地之一。在水土流失最严重的地区,山光岭秃,草木不存,比之"癞痢头"都不遑多让。

1983年，福建省委、省政府把长汀列为全省水土流失治理试点，时任省委第一书记项南提出"三至五年内见绿"的治理目标，还亲自编了《水土保持三字经》，对长汀的干部群众寄予厚望："长汀这个水土流失的'冠军'，要尽快变为全省治理水土流失的冠军！"1986年，水利部把长汀河田列为南方小流域治理示范区，展开大规模水土流失治理攻坚战。1999年11月27日，时任中央福建省委副书记、代省长习近平专程到长汀调研水土流失治理工作。2000年开始，福建将长汀水土流失治理工作列入为民办实事项目之一。2001年，时任福建省省长习近平再次考察长汀水土流失治理。习近平到中央任职后，曾两次就长汀水土流失治理作出批示，提出要总结"长汀经验"，推动全国水土流失治理工作。

　　经过长期艰苦的努力，到2011年底，长汀的水土流失面积从1985年的146.2万亩降到47.69万亩；到2020年底，水土流失面积再降至31.52万亩。与此同时，维管束植物从20世纪80年代的100多种增加到340多种，鸟类从100种恢复到300多种，生物多样性得到快速恢复。

　　2012年，长汀县河田镇养鸡大户兰秀成立了河田鸡养殖服务专业合作社，给周围200多户养殖户供应鸡苗，提供技术服务。有此底气，乃因为这一年，她在六七年前承包的不毛之地珞公山上，已种下7000多株桂花、1000株红豆杉、300株罗汉松、500株红叶石楠，还有作为鸡饲料的5亩优质牧草。

　　当年，珞公山原本是镇里一家废弃的稀土矿场，周围别说树，几乎寸草不生，

长汀县过去的"火焰山"如今绿满山

要养鸡就得先种树，她就带着几个助手一个坑一个坑地挖，一棵苗一棵苗地种，把一车鸡拉到泉州、厦门卖后，就拉一车树苗回来。树越种越多，草种得越发茂盛，植被的多样性多了起来，鸡也越养越好。荒山"种"成了青山，散养的河田鸡飞上树，在树上栖息，人们称之为"飞鸡"。她用双手创造了这片充满希望的绿色。她花园式的养鸡场，总面积达166亩。

赖木生是长汀县的又一位能人，也是长汀荒山种果第一人。1981年起开始承包荒山种果树。1995年，在县里有关部门支持下，他投资40万元在河田水土流失区种下了500多亩板栗。当时，由于长期严重的水土流失，土壤非常贫瘠，赖木生想办法从垃圾场拉了一车车垃圾回来沤成肥料养土。在种果树的同时，地上还套种了西瓜、花生等植物，涵养水分。果树种成时，成为特大新闻轰动了附近的村子。更大的新闻是，1999年，代省长习近平来看他了，鼓励他再发展，再扩大，带动大家共同致富。

巨大的鼓励让赖木生干劲十足，他为此成立了工作室，义务为农民举办培训班，把果树种植经验毫无保留地传授给大家，带动村民发展万亩板栗基地。2000年，赖木生被评为全国劳模。直到今天，花甲之年的他仍在果园里辛勤耕耘。他非常赞同习近平总书记的金句："幸福的生活都是奋斗出来的。"

"治一方水土、富一方百姓"。随着荒山重新披绿、治理成效显现，长汀各地包

长汀县昔日的"火焰山"如今瓜果飘香

长汀县三洲镇"火焰山"下的长汀汀江国家湿地公园。这里曾经是个远近闻名的"火焰山",在这样的地方建湿地公园是不可想象的。但如今,汀江国家湿地公园已监测发现鸟类130多种、鱼类约70种

山大户、种养行家、致富能人越来越多,广大群众成为水土流失治理和乡村振兴的主体和力量源泉,全社会的生态保护与绿色发展氛围越来越浓厚。

政府通过集体林权制度改革、山林经营权流转、项目倾斜、资金扶持、基础设施配套等优惠政策,引导社会力量参与水土流失治理,实现多方共赢,并坚持治山与治水相结合,坚持治理与保护相结合;建立健全完善以公司企业、民间资本、林农和社会为主体,多元化的水土流失治理和生态文明建设投入与经营机制。从2012年至2021年12月,共发放生态补偿资金1.21亿元,26.17万人受益。

在各级各部门的大力支持下,长汀广大干部群众勠力攻坚,探索出符合实际、行之有效的"党委领导、政府主导、群众主体、社会参与、多策并举、以人为本、持之以恒"28字水土流失治理的"长汀经验"。

长汀经验,取得的生态、社会和经济效益不言而喻,长汀由此成为福建生态省建设的一面旗帜,也成了中国治理水土流失的典范。

当前,长汀的水土流失治理显然已进入攻坚阶段。全县现存的31.52万亩水土流失地多零星分散、交通不便、土壤贫瘠,后续治理相对比较困难,但作为当年中央主力红军长征出发地之一的长汀,干部群众受着红色文化、革命精神的熏陶,

有的是"万水千山只等闲"的豪情，相信一茬接着一茬干，总有"山花烂漫时"的开颜欢笑。

五、一场引人注目的研讨会

2022年4月18日，习近平生态文明思想理论与实践研讨会在福建省三明市举行。研讨会由福建省习近平新时代中国特色社会主义思想研究中心、中央党校（国家行政学院）习近平新时代中国特色社会主义思想研究中心、中国社会科学院习近平新时代中国特色社会主义思想研究中心主办。

时任中共福建省委书记尹力在研讨会上表示，福建山海相连、美丽清新，是我国南方地区重要的生态屏障，更是习近平生态文明思想的重要孕育地和实践地。我们坚持以习近平生态文明思想统领生态省建设实践，传承弘扬习近平总书记在闽工作时推进生态文明建设的重要理念和重大实践，始终胸怀"国之大者"，精心守护绿水青山，持续深化国家生态文明试验区建设，有力有序做好碳达峰碳中和工作，做强做优做大绿色经济，加快构建现代生态文明治理体系，扎实推进经济发展和生态保护相协调相促进，为建设美丽中国贡献福建力量。

这次研讨会邀请了众多专家学者，如：中国工程院院士王金南，中国社科院学部委员潘家华，发展中国家科学院院士、欧洲科学院院士、厦门大学环境与生态学院院长吕永龙，福建农林大学乡村振兴研究院院长温铁军，福建师范大学教授黄茂兴等。此外，还邀请了部分省外"绿水青山就是金山银山"实践创新基地代表。

与会者和读者想来都不陌生，20多年前，在环境保护、生态文明建设还不被全社会全面认知的情况下，习近平总书记在福建省省长任上就"刮"起了一场"环保风暴"，至今让人难忘。

2001年，福建省政府成立由习近平任组长的生态建设领导小组，开始了福建有史以来最大规模的生态保护调查与整治。治乱必用重典，须痛下雷霆之力。这场"环保风暴"执行了最严的标准，但要从根本上解决问题，需要更有远见的解题思路。2002年开春，编制《福建生态省建设总体规划纲要》也提上日程。2002年8月25日，当时的国家环保总局与福建省政府在北京联合召开了《福建生态省建设总体

习近平生态文明思想理论与实践研讨会在福建省三明市举行

规划纲要》论证会。这一年，福建被列为全国第一批生态省建设试点省份。在此基础上，14年后，福建再次走在前面，成为全国第一个生态文明试验区。"试验"二字，意味着不仅破除旧观念，更重要的是创立新的观念、机制、体制。

今天的福建，是全国水、大气、生态最优的省份之一。福建的母亲河闽江是全国今日为数不多、穿过大城市仍然可以游泳的河流。位于闽江下游的福州西河天然游泳场，每到夏天便有大量游泳爱好者来此游泳、嬉戏。然而，改革开放40多年间，闽江所经受的考验远不只是水土流失。上世纪90年代中期，每年就有4亿吨的生产废水排入闽江。1996年，闽江水系监测断面达到Ⅲ类水质标准的只有56.6%。传统工业发展中伴生的污染问题，让整个福建都面临空前的环境承载压力。

马克思说："人要学会走路，也要学会摔跤；而且只有经过摔跤，他才能学会走路。"福建持之以恒的"环保风暴""生态建设"，折射的正是这个"走路—摔跤—走路"的哲理。

习近平总书记在福建工作时推进生态文明建设的重要理念和重大实践，连同他治国理政以来形成的生态文明思想，自然值得传承和弘扬。

研讨会期间，中国社会科学院生态文明研究智库理论部主任、中国社会科学院习近平生态文明思想研究中心秘书长黄承梁表示，"'青山绿水是无价之宝'，这与习近平总书记后来在浙江工作时明确提出'绿水青山就是金山银山'的'两山理论'是一脉相承的"。

黄承梁指出，三明大有文章可挖，要继续走好绿水青山与金山银山共赢的发展道路。他为三明献策，认为三明要以绿色为基底，充分发掘良好生态环境的经济学价值，全地域、全流域、全过程推进生态文明建设。

福建农林大学乡村振兴研究院院长温铁军谈及福建生态文明建设时认为，"生态化是大自然给我们留下的必然选择"。这位著名的农业问题专家曾在中央农村政策研究室工作，此前也出席了在南平举行的"两山理论研讨会"，因此，对于"八山一水一分田"的福建，他认为由于受到资源相对匮乏的限制，福建只能根据省情比如绿色生态强省，选择一条不同于其他地方的发展道路。

发展中国家科学院院士、欧洲科学院院士、厦门大学环境与生态学院院长吕永龙，则为如何充分用好生态资源、走好生态文明之路提供了另一种思路。他说："环境容量极其有限、交通极其不方便的瑞士小镇达沃斯因为先进的理念和技术，使得这个偏僻的小镇在保持绿色自然环境的同时，还能带动经济发展并成为全球广泛关注的地方。"他认为福建推动绿色高质量发展，需要如同达沃斯这样的小镇的发展理念。

"生态环境的经济学价值"与"生态产业化实现生态价值"，以及达沃斯小镇发展的启示，无一不是对绿色经济发展的诠释，这无疑就是福建生态省建设的3.0版——如果说水土流失治理、荒山绿化是1.0版，林改、林票、碳票是2.0版的话。

生态产业化肯定是一个不断摸索、探索的过程，而生态环境的经济学价值甚至需要一个学科来支撑。济南大学绿色发展研究院院长廖显春教授认为，生态文明不仅是一个关乎跨越工业文明变革的政治哲学问题，还是一个关乎促进中国经济社会全面绿色低碳转型的现实问题。

南开大学生态文明研究院副院长、循环经济研究中心主任徐鹤则阐明绿色发展之路径。他说："绿色发展是实现全球可持续发展目标的一条路径。它包含产业结构绿色化、能源消耗低碳化、资源利用循环化、环境质量健康化等方面内容。"

生态产业化、产业绿色化（生态化）将是未来像三明、南平、龙岩等这些山区在生态文明建设、绿色经济发展过程中相对突出的问题。"青山绿水是无价之宝"和"绿水青山就是金山银山"的内在关系——生态和生态价值的实现——是一个十分重要的课题，需要今后更好地探索和实践。

福建省第十一次党代会报告提出，"深化国家生态文明试验区建设，优化省域国土空间开发保护格局，持续推进集体林权制度、生态保护补偿制度等改革，完善生态环境保护责任体系，健全生态产品价值实现机制，拓宽绿水青山向金山银山转化路径"。

在深化生态省建设方面，福建任重道远。

从林权制度、生态保护补偿机制的改革到生态产品价值实现的机制建设与完善、生态产业化的发展，是一个梯度推进，又是齐头并进的从2.0版到3.0版的积极探索过程。

2022年9月1日，福建省省长赵龙在"中国这十年·福建"主题新闻发布会上，充满诗情画意地描绘福建未来的生态省建设：加强山水林田湖草沙一体化保护和修复，系统建设美丽城市、美丽乡村、美丽河湖、美丽海湾、美丽园区，继续当好绿色发展的"优等生"，让福建的蓝天白云、繁星闪烁常在，清水绿岸、鱼翔浅底常在，碧海银滩、海豚逐浪常在，田园相依、百姓安居常在，让绿水青山永远成为福建的骄傲。

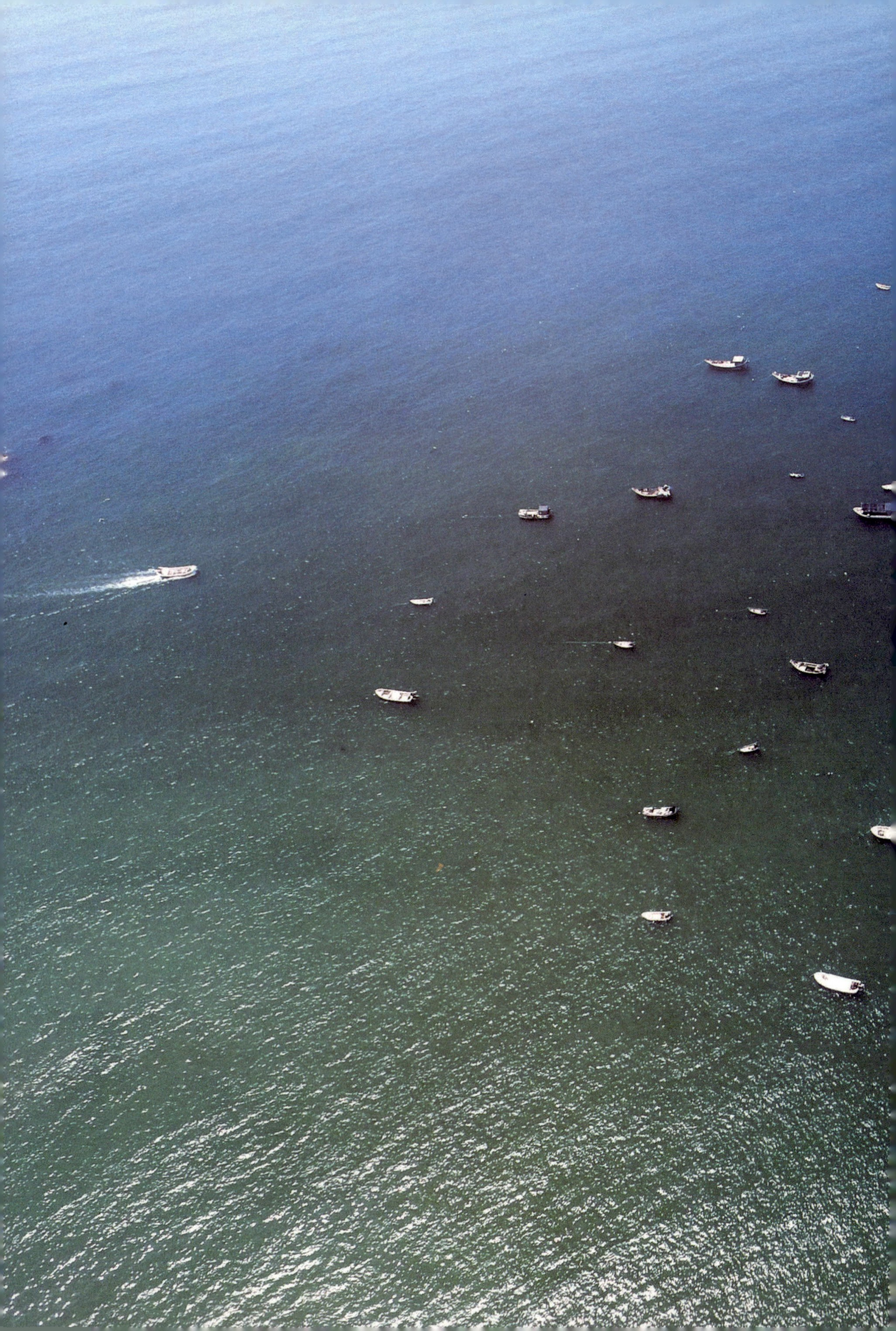

第三章
海之蔚蓝

十年来，福建坚持开放发展，合作领域广泛深入。加快建设自贸试验区、海丝核心区，努力打造国内国际双循环的重要节点、重要通道，市场化法治化国际化便利化的营商环境持续优化。厦门成为金砖国家新工业革命伙伴关系创新基地。2021年全省进出口总额达1.84万亿元，与"一带一路"沿线国家和地区贸易额年均增长8.4%。与兄弟省份和港澳交流合作更加紧密，商贸联系覆盖全国，交流合作遍及全球。

一、凭海而立，因海而兴

福建，濒临环中国海中段的台湾海峡，有 3752 千米长的陆地海岸线，沿海岛屿 1500 多个，有数千年向海发展的历史。当绵延的群山向福建人关上对外的大门时，无边的海又不失时机地打开了一扇窗。山和海，给福建带来秀气和灵性，也给福建人塑造了意志和浪漫。

泉州石狮蚶江镇石湖村林銮渡，唐代的古渡口，宋代的石板路，普普通通的几块礁石，记载着千年辉煌的过往，被论证为海上丝绸之路的起点。福建先人前赴后继"闯海"的身板，映衬着坚定的意念和对世界的向往。

良好的地理与区位优势，福建人的特性，使福建成为中国改革开放的最前沿地带。20 世纪 80 年代，带着中央赋予的"特殊政策和灵活措施"，福建舍我其谁地以先锋角色穿山跨海，迈向更大的世界，许多地方开始以新的角色重新出发，并迎来新的转机：

厦门一跃成为中国最早的四个经济特区之一，福州随后成为全国 14 个沿海开放城市之一，闽南金三角开辟为沿海经济开放区……

凭海而立，因海而兴。福建引领了"放眼向洋看世界"的风气之先。

时间进入 21 世纪的第二个十年。

2012 年，福建省平潭综合实验区正式成立。

2014 年 12 月 31 日，国务院正式批复设立中国（福建）自由贸易试验区。

2015 年 3 月，《推动共建丝绸之路经济带和 21 世纪海上丝绸之路的愿景与行动》发布，国家支持福建建设 21 世纪海上丝绸之路核心区。

"十三五"期间，全省海洋生产总值年均增长 8.2%，由 2015 年的 7076 亿元提高到 2020 年的 1.05 万亿元，居全国第三位，占全省地区生产总值的 23.9%。2021 年，福建省海洋生产总值超 1.1 万亿元，海洋经济成为拉动国民经济增长的重要引擎。

2021 年 5 月，福建省政府印发实施《加快建设"海上福建" 推进海洋经济高质量发展三年行动方案（2021—2023 年）》，明确提出海洋信息产业、临海能源产业、海上牧场、东南国际航运中心、海洋科技创新等领域 11 项重点任务。2021 年 11 月，中共福建省第十一次党代会提出了深化海上福建建设，做强做大海洋经济的重大战略部署。

二、深耕自贸试验田

现在人们经常提到的"多区叠加"，主要指的就是：平潭综合实验区、福建自贸试验区、海丝核心区。尽管现在不大提"海峡西岸经济区"这个大概念，但平潭综合实验区、福建自贸试验区、海丝核心区建设，确实为"海西"赋予了全新的内涵——海西同时也是一个地理方位。

福建自贸试验区范围总面积 118.04 平方公里，包括福州、厦门、平潭三个片区。其中，福州片区 31.26 平方公里，厦门片区 43.78 平方公里，平潭片区 43 平方公里。

2015 年 4 月，福建自贸试验区挂牌运行。

中国（福建）自由贸易试验区

2016年3月,时任福建省省长于伟国在北京全国两会期间接受记者采访时表示,福建省要在更高层次上扩大对外开放。于伟国指出,2015年4月正式挂牌运行以来,福建自由贸易试验区建设取得了明显成效。新产业、新业态、新模式在福建自贸试验区加速集聚。一是行政效率显著提高,企业设立全面实行"一表申报、一口受理、一照一码、一章审批、一日办结"服务模式,设立时间由29天缩短到最快1天;平潭、厦门、福州三个片区都建立了综合服务大厅,80%以上的省级行政许可事项已下放自贸试验区实施,基本实现项目审批不出区。二是开放水平持续提升,全面实行负面清单外资管理模式,对负面清单之外领域实行备案制。截至2016年1月底,通过备案设立外资企业883家,占新设外资企业数的97%。三是对台窗口效应显现,率先实施一批对台交流合作的创新举措和开放措施,两岸货物、服务、资金、人员要素流动更加便利,自贸试验区新增台资企业、合同台资金额分别占新增外资总量的60.7%和20%。四是金融创新取得进展,推出一批新型金融服务模式,金融机构入驻踊跃,跨境双向人民币资金池业务快速发展。

于伟国表示,福建要全面落实自由贸易试验区建设总体方案,努力做大经济流量,建成一批功能性平台,形成一批可在全国复制推广的创新成果。

第一,突出制度创新。完善以负面清单管理为核心的投资管理制度、以贸易便利化为重点的贸易监管制度、以金融服务业开放为目标的金融创新制度、以政府职能转变为核心的事中事后监管制度,建立与国际投资贸易规则相适应的体制机制,营造法治化、国际化、便利化营商环境。发挥自贸试验区溢出效应,加快创新成果复制推广,形成区内区外联动发展局面。

第二,突出对台特色。创新两岸合作机制,率先推动与台湾地区投资贸易自由,促进货物、服务、资金、人员等要素自由流动。以推进两岸金融合作为重点,在扩大人民币跨境使用、资本项目可兑换、跨境投融资等方面开展金融开放创新试点。

第三,突出对外开放。先行选择金融服务、航运服务、现代物流、旅游服务、商贸服务、专业服务、文化服务、社会服务及先进制造业等领域扩大对外开放,积极有效利用外资。吸引有实力企业设立区域总部和研发、运营中心,打造自贸试验区高端制造板块。推进贸易发展方式转变,积极培育贸易新型业态和功能。探索具有国际竞争力的航运、物流、金融发展制度和运作模式。

第四,突出项目带动。强化招商引资,围绕融资租赁、跨境电商、整车进口、

水产品交易、冷链物流、大宗商品进口等重点业态开展精准招商、协同招商，推动一批大项目、好项目入驻。引导企业在自贸试验区设立商品储备基地，打造区域性的商品集散中心或分拨中心。加快发展跨境电商、保税展示交易、融资租赁等新型商业模式，推动区内区外资源要素优化配置。

　　于伟国在专访中强调要深耕自由贸易试验区这块"试验田"，进一步推动更高层次的对外开放。2020年3月，距离上次于伟国的专访过去了四年时间，福建自贸试验区建设进展如何呢？

海上花园城市——厦门

"过去4年,新增企业7.5万家,注册资本1.7万亿元。其中新增外资企业3761家,引进外资270多亿美元。"2020年3月11日,全国人大代表、福建师范大学经济学院院长、福建自贸试验区综合研究院院长、中国(福建)生态文明建设研究院执行院长黄茂兴在北京接受媒体采访时表示,福建自贸试验区紧紧围绕中央批复的改革试验方案中"改革创新试验点""两岸经济合作示范区""21世纪海上丝绸之路沿线国家和地区开放新高地"的要求进行建设。福建省委、省政府先后推出339件创新举措,其中118件举措为全国首创。

黄茂兴认为，福建自贸试验区最大的特色是两岸经济"先行先试"，它为两岸的经贸融合发展探索出更多可复制、可推广的经验。

福建自贸试验区领导小组办公室总结的2021年福建自贸试验区五大亮点的第一点就是"制度创新走在全国前列"。

福建自贸试验区工作领导小组办公室指出，2021年"推动两岸征信信息互通优化信贷服务"实践案例入选全国自贸试验区"最佳实践案例"，率先在全国开通台企台胞征信查询，开展"台商台胞金融信用证书"试点。此外，产业发展平台持续壮大、两岸融合发展持续深化、共建"一带一路"深度融入、保障支撑服务推陈出新，则是2021年福建自贸试验区的其他四个亮点。

在产业发展方面，福建自贸试验区仅2021年就新增企业11899户，注册资本1921.1亿元人民币。其中，新增外资企业289家，合同外资29.74亿美元，"企业集聚效果良好"。同时，"重点平台积极拓展"。数据显示，到2021年，福建自贸试验区福州片区物联网产业基地已集聚物联网企业200多家，产值达370亿元；基金小镇集聚401家私募投资机构，基金规模达1732亿元，投向福建省实体项目273亿元。特别引人关注的是，福建自贸试验区产业发展的新业态新模式成效颇为突出，体现在：跨境电商领域建成多个跨境电商综合服务平台、产业园和展示交易中心，福州片区举办国内规模最大的首届中国跨境电商交易会；厦门片区已办理离岸贸易外汇收支111.9亿美元，比增近六成三；厦门国家文化出口基地累计引进境内外艺术家、艺术机构250多家，举办拍卖活动超110场次，成交金额8.2亿元。

福建自贸试验区与全国各地其他自贸试验区有显著不同或者说有显著特点的是，其在两岸融合发展上始终发挥着重要作用。

——对台贸易主通道加速打造

2021年，自贸试验区新增台资企业181家，占全省的12.1%；福建省对台跨境电商发货量超1000万票，货值约80亿元，占祖国大陆对台跨境电商出口总额的八成以上。

——两岸交流往来持续加强

福州片区积极推动福州与马祖建设"福马共同家园"；厦门片区加快推进厦门与金门率先融合发展；平潭片区全力打造台胞台企"登陆"第一家园先行区。

——服务台胞台企更加有力

福建自贸试验区举办首届进出口商品采购对接会

落细落实台胞台企同等待遇。区内允许台湾地区自然人投资者持台湾居民居住证、台湾居民来往大陆通行证申请注册内资企业，设立首个台湾个体诊所、首个面向台胞的互联网医疗平台等。

稳步推进两岸金融开放合作。稳步推进台企台胞信用报告查询业务，首创"台胞诚信闪贷"专属金融产品，为台商台胞提供快捷便利的融资服务。

有效服务台胞台企就业创业。推动两岸标准互通，部分领域试点采用台湾地区相关建筑技术规范；拓展对台职业资格采信范围；探索社会化异地台胞职业技能等级认定，设立全国首个在台异地等级考试考点；积极打造两岸三创基地，为来闽台青定制创业乐土。

福建"多区叠加"，其中最为显著的叠加是自贸试验区与海丝核心区的叠加，2021年自贸试验区五大亮点之一就是共建"一带一路"深度融入。

——结合《区域全面经济伙伴关系协定》（RCEP）生效时机，加强相关政策宣传和培训，指导企业加快布局"一带一路"沿线国家和地区。

——促进全方位互联互通。2021年中欧（厦门）班列发运197列，货值69.7

首届中国跨境电商交易会在福州启幕

亿元。"丝路海运"发布服务标准，上线信息化平台，有效助力供应链的稳定畅通。福州率先开通跨境电商洲际货运包机，推进纵腾网络公司等跨境电商企业在"一带一路"沿线国家设立海外仓46处120万平方米，位居全国前三位。

——吸引国际高端人才。例如，福州片区建立完善国际化引才机制，推出外籍人才聘雇单位"信誉等级制度"评定办法，建立移民（华人华侨）事务服务中心，为外籍人员和华人华侨提供入境、居停留、就业创业等全方位服务。

很显然，自贸试验区已成为福建对外开放的高地，在福建吸引外资、体制机制创新过程中扮演十分吃重的角色。

2022年福建省政府工作报告提出"推动自贸试验区扩区提质，与开发区、综合保税区协调联动，拓展提升国际贸易单一窗口，提升贸易便利化水平"。

2022年福建自贸试验区建设工作则是聚焦六个"着力点"：

一是着力更好服务国家重大战略。包括聚焦自贸试验区扩区提质，争取中央支持，力争赋予更大改革自主权，在空间载体和功能政策上呈现新突破，在数字人民

游客在平潭台湾商品免税市场购物

币、网络游戏属地管理试点等一批关键政策先行试点。

什么是"扩区提质"？对照省政府工作报告提出的"与开发区、综合保税区协调联动"便可明白福建自贸试验区建设下一步将会充分利用现有的各类开发区、保税区进行"扩区"。

更为关键的是，福建还提出了"探索实行自由港的政策"。在20世纪80年代中后期，厦门就提出过实行自由港的某些政策并有具体行动。在2021年底举行的中共福建省第十一次党代会上，时任福建省委书记尹力在其报告中再一次提到了"自由港"。

二是着力加强制度创新复制推广。持续开展首创性和差别化探索，推进《区域全面经济伙伴关系协定》（RCEP）在自贸试验区创新引领，探索《全面与进步跨太平洋伙伴关系协定》（CPTPP）、《数字经济伙伴关系协定》（DEPA）等有关规则的研究储备，形成更多有影响力的创新成果。推进自贸试验区与海关特殊监管区域统筹发展，与福厦泉国家自主创新示范区"双自联动"，拓展改革的溢出效益。

三是着力探索两岸融合发展新路。发挥沿海近台优势，积极承接台湾地区优势产业，深化两岸经贸合作，打造海峡两岸融合发展示范区。率先落实落细台企台胞同等待遇，吸引更多台胞来闽创业就业，打造台胞台企登陆的第一家园的"第一站"。

四是着力构建开放型经济新体制。统筹要素流动型开放与制度型开放，争取医疗、教育、金融、增值电信、管理咨询等领域率先在自贸试验区试点开放。深化

厦门港集装箱码头

"丝路贸易""丝路海运""丝路电商"等标志性工程建设，加强与"一带一路"沿线国家和地区交流合作，助力海丝核心区建设走深走实。

五是着力培育壮大经济发展动能。动态调整福建自贸试验区重点平台，做大做强集成电路、物联网、航空维修、基金小镇等特色优势产业；加快跨境电商、离岸贸易等战略性新兴产业发展；构建一批具有影响力、特色鲜明的数字化发展标杆平台。

六是着力打造国际一流营商环境。完善片区的管理体制机制，推进福州片区与福州新区资源整合优化、融合发展，促进厦门片区扁平化管理，提升管理效能，促进平潭片区与平潭综合实验区政策叠加、协同发展。深化"放管服"改革，推进海丝中央法务区自贸先行区建设，构建全方位、全链条、专业化的法律服务生态圈。

三、海丝核心区建设走深走实

21世纪海上丝绸之路核心区建设，是中央赋予福建的特殊政策。

2015年11月，福建省发改委、省外办、省商务厅联合发布《福建省21世纪海上丝绸之路核心区建设方案》，就海丝核心区的功能定位提出四项重点——

21世纪海上丝绸之路互联互通建设的重要枢纽；

21世纪海上丝绸之路经贸合作的前沿平台；

21世纪海上丝绸之路体制机制创新的先行区域；

21世纪海上丝绸之路人文交流的重要纽带。

根据这一建设方案，福建省支持泉州市建设21世纪海上丝绸之路先行区，支持福州、厦门、平潭等港口城市建设海上合作战略支点；支持漳州发挥两岸产业对接集中区优势和莆田、宁德发挥深水港口等优势，拓展与海丝沿线国家和地区加强合作交流；支持三明、南平、龙岩等市建设海上丝绸之路腹地拓展重要支撑。

这是从福建九个设区市和一个综合实验区的区位特点进行的总体规划。海丝核心区的功能定位较能体现其优势的是突出"互联互通建设的重要枢纽"和"人文交流的重要纽带"，而福建自贸试验区和平潭综合实验区则没有如此的强调。

互联互通建设的重要枢纽主要体现在：打造从福建沿海港口南下，过南海，经马六甲海峡向西至印度洋，延伸至欧洲的西线合作走廊；从福建沿海港口南下，过南海，经印尼抵达南太平洋的南线合作走廊；同时，结合福建与东北亚传统合作伙伴的合作基础，积极打造从福建沿海港口北上，经韩国、日本，延伸至俄罗斯远东和北美地区的北线合作走廊。

海丝核心区突出的人文交流的重要纽带，也明显带有福建的独特优势。

《福建省21世纪海上丝绸之路核心区建设方案》出台后，福建省发改委有关人士在回答媒体提问时指出：目前旅居世界各地的闽籍华侨华人达1580万人，其中约80%集中在东南亚，达1250多万人；台湾同胞有80%祖籍福建，闽台两地与东南亚地区习俗相似、文化趋同，民间交流量大、面广，无论是"请进来"还是"走出去"，都有天然的优势和氛围。

当前，福建正抓住《区域全面经济伙伴关系协定》（RCEP）生效机遇，出台支持进出口相关政策，大力促进"买全球、卖全球"。值得注意的是，福建正在推动"两国双园"等项目建设，如福州与印尼、漳州与菲律宾、龙岩与塞尔维亚的"两国双园"建设。

在这当中，福州与印尼雅加达的"两国双园"已开通了海上大通道。2021年7月13日，印尼首批三个海产品冻柜运抵福州港江阴港区，标志着中国福清—印尼

第七届"海上丝绸之路"（福州）国际旅游节启动仪式

雅加达"两国双园"海上大通道正式开通。

印尼是福建在东盟的第二大贸易伙伴、第四大外资来源国和第一大投资目的地。2021年7月15日，中国、印尼"两国双园"全球招商推介会，在福州与印尼多地以线上线下的方式连线举办。这个由商务部、福建省人民政府、印尼海洋与投资统筹部共同主办的推介会，邀请印尼三林集团、泰国正大集团、中国铝业集团、中粮集团等参会并赴"两国双园"载体福清元洪投资区实地考察。据称，这场推介会中国和印尼两国成功签约16个项目，总投资922.8亿元人民币。业内人士指出，"两国双园"建设正在助力中国企业"走出去"、外资企业"引进来"。

在2022年漳州、龙岩的地方两会上，两市的市长在作政府工作报告时都提出要推动"两国双园"建设——漳州与菲律宾，龙岩与塞尔维亚。

漳州市的表述是：将主动融入国内国际双循环，高质量参与海丝核心区建设，探索建设中国（福建·漳州）——菲律宾"两国双园"经贸创新发展示范区，推动形成更高水平的开放型经济新体制。

漳州是海上丝绸之路的重要节点，漳州将以泛东山湾、厦门港招银港区与菲律宾巴丹省产业园进行对接。

在2022年1月6日龙岩市人大六届一次会议上，政府工作报告中提出要推进中国龙岩与塞尔维亚"两国双园"项目建设。

龙岩为何与远在中东欧的塞尔维亚搞"两国双园"？原因是总部在龙岩上杭的

中欧（闽都号）班列开通

紫金矿业集团在塞尔维亚投资了福建最大的境外矿业项目——波尔铜矿项目。塞方的园区就以波尔市金铜矿园区等为核心区。

"两国双园"是"一带一路"建设深化对外合作的最新探索，也是海丝核心区建设走深走实的又一新动作，受到丝路沿线国家的重视。

相信在海丝核心区建设上，类似的探索会更多。

事实上，抓对外开放始终是福建矢志不渝之选择。2015年3月，也是在全国两会上，时任中共福建省委书记尤权在接受中新社专访，谈及福建的对外开放时指出，福建作为21世纪海上丝绸之路核心区，要从加强互联互通、深化多元贸易往来、推进海洋合作、推动人文密切交流等四个方面努力，发挥侨资侨力，全方位推进与海丝沿线地区的交流和合作。彼时，平潭综合实验区、福建自贸试验区、海丝核心区建设方兴未艾，尤权告诉中新社记者，福建将注重体制机制创新，从投资、贸易、通关、航运、金融等方面探索更加便利化的运行模式，营造更加国际化、市场化、法治化的营商环境，提升福建全方位对外开放水平。

扩大开放，离不开深化改革。继"平安福建"之后，海上丝绸之路中央法务区（简称"海丝中央法务区"）正在成为福建新时代法治建设的一张名片。2021年，习近平总书记来闽考察时，要求福建在服务和融入新发展格局上展现更大作为，深度融入共建"一带一路"，办好自由贸易试验区，建设更高水平开放型经济新体制。作为习近平法治思想的重要孕育地和实践地，福建倍加珍惜、注重运用好这一宝贵

漳州东山

财富，把创新建设海丝中央法务区作为学习贯彻习近平法治思想，贯彻落实习近平总书记来闽考察重要讲话精神的重要举措。时任福建省委书记尹力连续两届出席海丝中央法务区论坛并讲话，福建省委副书记、政法委书记罗东川在《学习时报》《民主与法制》等重要报刊发表署名文章，对海丝中央法务区进行系统阐述。福建坚持把法治作为最好的营商环境，将海丝中央法务区建设纳入法治强省建设重要内容，着力建设高端法务资源汇聚之区、知识产权保护首善之区、数字政法创新之区和国际商事海事纠纷解决优选地，有效提升法治核心竞争力。这个"立足福建、辐射两岸、影响全国、面向世界"的一流法律服务高地，必将为福建高质量发展提供有力法治保障。

毫无疑问，福建海丝核心区建设取得了巨大成绩，数字丝路、丝路投资、丝路贸易、丝路海运、丝路飞翔等八大标志性工程成效明显。

——在对外经贸领域：2021年福建省与"一带一路"沿线国家、地区进出口6446亿元，增长31.8%，占全省对外贸易总额的34.9%。全省共有福州、厦门等8个国家级跨境电子商务综合试验区。同时，企业"走出去"对外投资规模不断扩大，结构不断优化，2021年全省备案对外投资项目262个，比上年增长19.1%；中方实际投资额20.2亿美元，规模居全国第8位……

——在人文交流领域：福建省积极拓展与"一带一路"沿线国家和地区的文化交流和人员往来，泉州市成功举办了海上丝绸之路国际艺术节，福州市举办了丝绸之路国际电影节、海上丝绸之路国际旅游节，在福州成立中国—太平洋岛国减贫与发展合作中心，有力地加强了福建与太平洋岛国的国际合作，金砖国家新工业革命伙伴关系创新基地落户厦门……

　　——在互联互通建设领域：福建加快推进厦门东南国际航运中心建设，积极打造"丝路海运"航运平台。"丝路海运"联盟成员达271家，94条命名航线联通31个国家108个港口，集装箱吞吐量超千万标箱。开通五条中欧班列，增开至东南亚、西亚等国际空运航线，形成了跨越海峡、横跨欧亚、"海丝"与"陆丝"无缝衔接的国际物流新通道……

　　毫无疑问，福建自贸试验区和海上丝绸之路核心区是福建对外开放的新机遇，由是，福建获得了在更高水平上、在更广阔的领域扩大对外开放的全新语境。

四、开放不停步

　　时至今日，福建仍然面临着如何在更高层次上对外开放的问题。

　　2021年底，在中共福建省第十一次党代会上，时任省委书记尹力在报告中提出福建要"探索实施自由港的政策"。追溯历史可知，早在20世纪80年代，时任福建省委第一书记项南就向前来视察的改革开放总设计师邓小平提出，把厦门经济特区范围从原定2.5平方公里扩展到全岛，并实施自由港的某些政策。很快，中共中央作出重大决定，将厦门经济特区扩大到全岛范围，实行自由港的某些政策。厦门经济特区由此进入新的发展阶段。

　　自由港是什么？

　　简单地说，是指不受海关管辖的港口或港区。在该区域内，外国商品可以自由加工、分装、改装、装卸储存、展览、再出口等，不受海关管制，免征关税。

　　该如何按国务院批复实行自由港的某些政策？这是个新课题，几乎没人搞得懂。1985年6月，在时任中共厦门市委常委、副市长习近平的主持下，厦门市成立一个战略研究小组，请来全国上百位专家教授和一线工作者参与研究，为厦门积累相关

厦门高崎国际机场

的国际资料和数据。研究小组认为必须从中国国情和厦门自身条件出发，采取渐进式、经"三步走"建设"自由港型的经济特区"，实现从出口加工区、保税区、区港联动、保税港区到自贸试验区的迭代升级。这是对中国特色的自由港发展之路的最初探索，在全国都有很强的开创性。

1986年，一场名为《2000年——我心目中的厦门》的征文活动在《厦门日报》展开。有关未来厦门的话题引发了全市性大讨论。这场未来之旅大讨论的背后，是习近平牵头编制的《1985年—2000年厦门经济社会发展战略》中不可或缺的环节。有十多篇征文中的善计良策被采纳。这个发展战略，是中国地方政府最早编制的一个纵跨十五年的经济社会发展战略规划，从经济社会环境文化等各方面，为这座城市提出了一条永续发展之路。

1992年邓小平发表南方谈话后，"自由港"再度成为厦门发展的关键词，在厦门市政府工作报告中，提出了"加快实施自由港某些政策"。

2005年，厦门象屿保税区物流园区一期工程通过验收，封关运行，自由港在厦门初露端倪。

2015年4月21日，中国（福建）自由贸易试验区正式挂牌，其中厦门片区总面积43.78平方公里，范围涵盖东南国际航运中心海沧核心港区区域和两岸贸易中心核心区。厦门实施自由港某些政策不断推进。

2017年9月3日至5日，福建迎来了史上第一场规格和水平最高的重量级国际会议。金砖国家领导人第九次会晤在美丽的厦门成功举行。美国前总统尼克松，在1985年游览厦门后，情不自禁地称赞这是"东方夏威夷"。回国后，有人问他，到中国什么地方投资最好？尼克松回答：厦门。一晃多年，当年的中国四大经济特区之一的厦门，已发展成为一个"高素质的创新创业之城""高颜值的生态花园之城"，在外交舞台上见证了金砖国家领导人共同勾画合作发展的新愿景。

2018年3月22日，厦门太古飞机工程有限公司迎来了自1996年3月正式运作后进场维修的第3000架飞机。这里，已经成为国内最大的"一站式"航空维修基地，在全国乃至亚太地区都居领先地位。厦门自贸片区挂牌以来，一系列创新举措为厦门航空维修产业注入了活力，特别是把厦门这边的通关时间给缩短了，相当于与国外竞争对手越来越接近一个相同的起跑线。

当年，厦门的飞出去、飞进来，是福建创造的奇迹。四大经济特区，厦门率先建起国际机场，当时不但巨额的建设资金没有着落，外界还担心厦门地处海防前线，建机场恐有不测。面对种种反对的理由，福建省委坚持上马，并毅然向科威特贷款。1982年1月10日，厦门机场动土兴建，一年半后正式通航，创造了世界民用机场建设的最快速度。继而，福建又在全国第一个吃螃蟹，创建起了全国第一家地方民航股份公司——厦门航空，给厦门的发展插上了坚实的翅膀。

2019年8月，厦门出台《中国（福建）自由贸易试验区厦门片区在建设开放型经济体制上走在前头工作方案》，提出积极探索实施自由港某些政策的举措，包括：积极稳妥发展离岸贸易业务，探索建设离岸金融服务中心，将创新推出与国际接轨的税收服务政策举措，探索研究厦门港离岸转运功能等。

到2020年，自贸试验区厦门片区已累计推出448项创新举措，其中全国首创100项，30项获全国推广，5项入选"最佳实践案例"。2021年12月，厦门经济特区成立40周年。40年来，厦门大胆探索勇闯新路，成为中国重大改革先行政策效果最突出地区之一。其中，厦门实行自由港某些政策即属于"先行先试"。而作为自由港某些政策的落地平台，厦门片区显然发挥着重大作用。

厦门的开放发展历程，也是福建，乃至全中国对外开放发展的缩影。

鼓浪屿的海波日夜唱，唱的不仅是"爱拼才会赢"，还有"好风凭借力，送我上青云"。

作为福建对外开放的窗口，厦门的实践与探索对福建省具有示范效果、引领作用。而福建对厦门的对外开放、自贸片区建设、实施自由港某些政策的实践与探索都充满期待。

2021年12月19日，中共福建省委、福建省人民政府发布《关于支持厦门建设高质量发展引领示范区的意见》，提出厦门要"建设更高水平的开放体制"，具体涉及：推进新型离岸国际贸易试点和多式联运"一单制"试点，支持申报设立空港综合保税区，加快象屿保税区整合优化，探索实行人才出入境和永久居留便利化举措。

多年之后，人们从厦门实行自由港的某些政策到自由贸易试验区的强力推进，当知历史就这样一步一步走过来。每一次来回，都是翻山越海，福建的山海间留下了永恒的精神水印。

第四章 共同家园

十年来，福建积极探索海峡两岸融合发展新路，打造台胞台企登陆的第一家园。坚持以通促融、以惠促融、以情促融，扎实推进闽台交流合作。十年来闽台贸易额达7000多亿元，2021年突破千亿元，在闽台企超1万家，实际利用台资超100亿美元。积极推进与金门、马祖地区通水通电通气通桥，已发布225项台胞台企同等待遇清单，成功举办14届海峡论坛及各项促进两岸交流活动，闽台往来人数累计超800万人次，越来越多的台胞台企融入新福建建设，在八闽大地追梦、筑梦、圆梦。

"全中国都是海峡两岸民众的共同家园，让我们从福建开始，共建一个美丽家园。""历史上福建人就以敢闯而出名，希望今后福建能在海峡西岸闯出一片新天地……"

2011年全国两会期间，时任中共福建省委书记孙春兰亮相央视，畅谈海峡西岸和平潭综合实验区蓝图盛景，牵动世界关注的目光。

而闽台之间，从两岸对峙到探亲寻根，再到交流贸易往来；从"小三通"到"应通尽通"，再到共同家园建设，从现在到未来，无论还有多少曲折、阻隔，但我们已然感受着"青山一道同云雨，明月何曾是两乡"的亲缘境况。

一些数字更能说明问题。1979年至1985年的6年间，闽台贸易额还不到3亿美元，而2021年闽台贸易额突破千亿元。

一、海峡论坛成为政策发布平台

2013年6月15日至21日，第五届海峡论坛在福建举行，跟往届一样，主会场设在厦门。这是中共十八大后举办的第一场海峡论坛，中共中央政治局常委、全国政协主席俞正声出席大会并致辞。他表示，五年前，两岸关系实现历史性的转折，走向和平发展，拉开了两岸大交流的序幕。在这种形势下，海峡论坛应运而生，顺应了两岸同胞加强交流合作的共同愿望和两岸关系和平发展的历史潮流。

从2013年往前推五年也就是2008年，台湾岛内再一次政党轮替，国民党马英九当选台湾地区领导人。国民党反对"台独"和承认"九二共识"，两岸恢复了正常往来，各项交流活跃，"两岸关系实现历史性的转折"。这也就是俞正声所说的海峡论坛应运而生的关键。

在前面四届的基础上，第五届海峡论坛围绕"扩大民间交流、加强两岸合作、促进共同发展"的论坛主题和"聚焦亲情、共圆梦想"的论坛大会主议题，以两岸基层民众为主角，安排大会活动、基层交流、文化交流、经贸交流等四大板块28项活动。

其实，自首届海峡论坛以来，论坛便展现了十分明显的三大特色。一是两岸合作、多方参与。二是突出民间、面向基层。例如，参加首届海峡论坛的8000多名

第五届海峡论坛大会在厦门举行

台湾各界人士，参与界别齐整、民间色彩浓厚、基层特征明显。三是领域广泛、议题务实。涉及经贸、科技、航运、旅游、教育、农业、影视、出版、医药、体育、妇女、工会、青年和少数民族、乡里长、宗亲、妈祖信众等20多个界别和行业，包括旅游合作、文化沟通、教育研讨、海上直航、产业对接、县市协作、中医药研究、影视共赏、武术竞技、书法切磋、工会交流、青年互动、妇女联谊、宗亲恳谈等议题。

尽管海峡论坛展现这样的广泛性和民间特色，但它不可能是一场简单的"嘉年华"，其参会的两岸人士层级之高，所涉及的政治、经贸、文化内涵之丰富，使论坛有着很高的"含金量"。

十分引人关注的是，海峡论坛事实上成为大陆对台、惠台、促进两岸交流合作政策的发布平台。

2013年第五届海峡论坛，大陆方面发布了31项对台惠民新政策措施，内容涉及两岸人员往来、赴台旅游、就业、基层调解、文化交流、版权交易、两岸直航、台企融资等多个领域。

时任中共福建省委书记尤权在大会上宣布，福建省将出台一系列新的政策措施，包括：设立风险补偿金，为台资中小企业提供助保金贷款；设立两岸科技合作联合

第十一届海峡论坛举办期间,"两岸一家亲 幸福同分享"社区大联欢活动在厦门举行

2021年12月10日,第十三届海峡论坛在厦门举行

基金,鼓励闽台联合开展科学研究;安排专项资金,资助台资企业和对台科技合作企业的科研项目;设立漳州市海峡两岸新型农民交流培训基地;为台湾居民在福建申请台胞证和签注开通邮政快递服务;为外省在厦门暂住人员赴金门旅游办理证件及签注提供便利服务等。

第五届海峡论坛召开前一个月,尤权在《求是》杂志发表的《深化闽台经贸合作 促进两岸共同繁荣》文章,其题目就已点出闽台交流的主题,海峡论坛上只是对政策措施的宣示,但同时也印证福建为促进、加强闽台关系,推动两岸经贸合作所作的不懈努力。

海峡论坛落户福建,这台大戏理当由福建唱主角。从2009年到2022年,海峡论坛共举办了14届，论坛内容不断走深走实。2021年举办的第十三届海峡论坛，由于受疫情影响，采取线上线下的形式举行，但依然体现出论坛交流的积极成果。青年交流、基层交流、文化交流、经济交流四大板块共41场活动，始终紧扣两岸交流的主题主线，深化了闽台两地的互动合作。

二、两岸只差一泡茶的距离

福建与台湾一水之隔。

闽台的渊源关系可以追溯到远古。明朝末年，福建边民纷纷赴台垦荒，两岸舟楫往来频繁。1662年郑成功率部驱逐荷兰殖民者收复台湾；1683年施琅率清军统一台湾；1684年清廷设台湾府，隶属福建省。

福建与台湾地缘相近、血缘相亲、文缘相承、商缘相连、法缘相循。

2016年10月，徐德金到彰化鹿港采访，曾经这样写道——

2021年5月4日，两岸青年佳偶家园幸福活动在福州举办

2018年6月3日，台湾同胞在厦门乘坐厦金航线前往金门

    鹿港因港而起，那时鹿港所有的"船头行"及大盘商都与他们的祖地福建密切往来。今天我们所看到的泉州蚶江与鹿港对渡习俗充分说明当时频繁的两岸商贸关系。即便到了"日据"初期，并且港口日渐淤塞，鹿港也仍然是中台湾唯一与福建乃至大陆通航的"合法"港口。那时从福州、蚶江过来的货船往往乘着潮水靠泊鹿港。这种商缘的延脉来自亲缘、血缘。穿行于九曲巷，我们依然能感受到鹿港与泉州、漳州以及莆田之间的亲缘关系。比如，九曲巷所在的区域叫"兴化里"，而"兴化"却是旧时对莆田、仙游的总称；再比如，九曲巷之一就叫"泉州巷"。

    这种割不断的"脐带"始终联接着台湾与祖国大陆的亲情关系。

    上世纪八九十年代，每每被问及为何选择在福建投资，不少台商总会说："福建跟台湾很像啊！"语言、饮食、习俗等，都是台商选择来福建的因素。自然，地理上的距离也是他们重要的考量，闽台两地实现全面"三通"后，交流往来更加便捷，出现"两岸生活圈"现象。

    2010年，时任金门县县长李沃士就提出要"打造金厦生活圈"。李沃士当年接受大陆媒体采访时说，金厦两地往来非常便捷，许多金门人穿着拖鞋、短裤就跑到

89

厦门，在那边吃个饭，买点东西，然后溜溜达达地回到金门。

厦门与金门近在咫尺，朝夕渔歌互答，鸡犬之声相闻。然而，因为历史的原因，曾经暌隔许久。笔者徐德金曾写过一首《孪生岛》——

岸与岸之间 / 只有目光可以企及 / 挥动是手 / 桅杆永远静止 / 岛与岛之间 / 只有海风传递消息 / 当离别来临 / 岩石也会长出翅膀 / 沉重而真实

……

当所有的心都已沸腾 / 只有海峡如此沉默 / 相思林躲过目光的探索 / 繁星已被飞鸟弹落 / 守候母亲的帆船 / 再去遥远的长河

诗写于1996年9月11日。四年后的2001年1月，厦门与金门实现了"小三通"。

站在厦门的海边，我们曾无数次遥望金门。

2016年10月2日，徐德金从台北飞金门，恰遇来自厦门、龙岩和金门三地的300多名中学生参加两岸成年礼活动。两岸成年礼活动的主办机构是金门陆岛酒店有限公司，它是一家陆资机构，总部在厦门。

从探亲、寻根、谒祖到交流、合作、投资，再到工作、就业、生活，台湾同胞登陆福建经历了这样的"三部曲"。

从"金厦生活圈"到"两岸共同家园"再到"两岸第一家园"建设，沿着这条脉络，我们便不难发现闽台两地融合发展的过程，虽然这种融合无论在深度、黏性还是在宽度、双向方面都还远远不够，但只要我们粗粗梳理，就会发现两岸在"通""惠""情"诸方面所展现的美好画卷，在某些数字背后，是许许多多生动的故事。

2018年6月5日，参加第十届海峡论坛的台湾青年林智远在大会上分享他的"家园"故事。

"2015年，我因参加海峡论坛的共同家园论坛而来到平潭，从而了解平潭，并在澳前台湾小镇经营着'阿里山馆'，但真正改变了我生活轨迹的，是我在平潭北港创办的'石头会唱歌'艺术聚落。"

林智远从小在台湾的南投长大，2015年第一次慕名到离台湾最近的祖国大陆平潭旅游时，一下子被岛上淳朴的民风、自然的景观深深吸引，他来到一个叫北港的小渔村——在台湾，也有一个叫北港的地方——海浪、沙滩，特别是石头厝，这一切都太熟悉、太亲切了。

2017年11月15日，游客在平潭北港的"石头会唱歌"艺术聚落游玩

  一座岛、一间老石厝、一个角落、一杯咖啡、一群人……这正是他心目中民宿的样子。而平潭综合实验区、自贸试验区的政策优势，也让他看到了来大陆发展的机会。2016年，他带领一支由两岸青年组成的创业团队来到北港村，向村民租了八栋石头厝改造成民宿，希望将在地文化融入适当的设计与创意，开发一个集民宿、文创、音乐、料理于一体的艺术聚落。他用锤子敲打北港君山上的石头时，感觉它们发出"哆来咪发嗦"的不同音符，灵感一来，就把民宿取名为"石头会唱歌"艺术聚落。2016年6月8日，石头厝民宿在北港落地，马上吸引了许多游客的目光，北港成为平潭名闻遐迩的民宿部落，为国际旅游岛建设注入生动的故事。

  林智远的脚步没有停歇。2017年5月，他受聘进入平潭自贸试验区两岸发展有限公司担任副总经理，协助运营与管理平潭台创园、澳前台湾小镇等项目，实现了从创业者到管理者身份的转变。他在新岗位上的一个重要任务，就是帮助台湾朋友认识平潭，了解福建落实大陆"31条惠台措施"的具体行动，寻找适合入驻的空间。在他看来，这个有着美丽海岸线、风车田、沙滩和港湾的村子，有很多创意发散的空间。

在平潭澳前台湾小镇上，林智远和家人开的"阿里山馆"出售的文创产品吸引来不少游客。2018年五一节前夕，林智远成为有史以来的第一批台湾籍福建省劳动模范之一。

在建设"共同家园"、推动两岸融合发展的目标吸引下，像林智远一样在福建工作、生活的台湾青年很多，当然，也有像李瑞河那样让人动容的中老年台胞。

2019年10月16日，在天福茶博园，84岁的李瑞河与采访他的媒体记者相谈100分钟，谈他在大陆的"二次创业"，谈他的经营之道，谈他对故土的眷念、对两岸和平发展的期待，拳拳之心溢于言表。

1990年，台湾股市大动荡，李瑞河的茶叶连锁店遭遇极大危机，他遂把目光投向刚刚开放交流的海峡对岸。他认为，全世界喝茶最多的是中国人，世界上最大的茶市场也在中国，回到祖国大陆才是自己唯一的选择，也才能"东山再起"。

1993年，58岁的李瑞河西进大陆投资，把第一个目标城市选定在福州，继而来到祖籍地漳州漳浦创建"天福"，由此开创其事业的"第二春"。

2019年10月16日，海外华文媒体代表在漳州采访李瑞河（左二）

在沈海高速公路漳浦段，有一个以"天福"命名的服务区，南来北往的旅客来到这里休息放松，茶店服务人员会及时为路人奉上一杯清茶。这也是李瑞河对员工们一直以来的要求。在他看来，21世纪是中国茶的世纪，茶将成为中国的形象大使，承载着中华民族的传统文化与现代文明，把美好的生活播撒在世界的每一个角落。

设在服务区里的"唐山过台湾"石雕园，记录了李瑞河的祖辈们从福建出发前往台湾开基立业的故事。200多年后，李瑞河又循着这条路线回到福建，重新出发。他用了20多年时间，把"天福茗茶"的事业版图遍布全国。目前，"天福"在全国共开设了1200多家门店。除了办企业，他还投资建设了世界最大的茶博物院，兴办了全球第一所茶专业高校。

李瑞河说："大陆与台湾一海之隔，两岸只差一泡茶的距离。"大环境的发展也印证着李瑞河到大陆投资的前瞻性。越来越多台湾企业西进大陆，寻求新的发展机遇。产业类别，也由传统劳动密集型产业逐步向资本密集型、技术密集型产业转变。

2018年6月6日，在第十届海峡论坛上，福建发布了包括扩大闽台经贸合作、支持台胞在闽实习就业创业、深化闽台文化交流、方便台胞在闽安居乐业等四个方面的66条具体措施，聚焦台胞台企需求，突出先行先试，突出人才交流，突出民间往来，推动闽台交流合作更加热络、更有成效。李瑞河通过媒体对此大加赞赏。这年9月1日，是福建省开放接受港澳台居民申请办理居住证的第一天，像许多长期居住在福建的台胞一样，李瑞河一早就来到漳浦行政服务中心办理申领手续，以期更好、更快地融入大陆生活，踏实就业，安心创业。

到大陆20多年来，每年农历除夕，李瑞河都要在大陆与员工一起过，并给员工发红包。2021年除夕，他在喜庆的气氛中发表春节感言时提及，在新的一年，由他个人投资的天福医院将在2月15日元宵节正式开业，这是他一生的梦想之一，同时他也祈盼两岸和平发展。

这不是家园情怀又是什么呢？

漳州是台湾同胞重要的祖籍地。"唐山过台湾"，早在17世纪初，漳州先民就已到台湾垦拓谋生，漳州海澄人颜思齐被尊为"开台王"。

2020年6月底，中新社福建分社采访组赴漳州开展"第一家园"建设主题采访活动，第一站来到漳州市台商投资企业协会采访会长林伯彦，在漳州台商投资区忙于推进"台湾小镇"项目的林伯彦对记者说："漳州有家的感觉。"

2020年6月底，中新社福建分社采访组赴漳州开展"第一家园"建设主题采访活动，第一站来到漳州市台商投资企业协会采访会长林伯彦（右四）

数据显示，截至2020年8月，在漳州投资的台湾企业超过3000家，涵盖石化、机械、家电、建材、食品、服饰等行业。其中，漳州台商投资区是大陆台企发展最为密集的区域之一，有台塑、统一、泰山、灿坤等127家台资企业入驻，投资总额53.81亿美元。漳浦台湾农民创业园累计引进台资农业企业280多家，涉及花木果蔬、水产渔业、茶叶、休闲农业、有机化肥、农产品加工及创客空间等行业。

漳州是继广东东莞、江苏昆山之后台资企业聚集较为集中的区域，这与漳台的历史渊源分不开。开漳圣王、保生大帝、关帝文化，这些被台湾民众广为拜祭的民间信俗，其香火源头就来自漳州。台湾歌仔戏也起源于漳州锦歌。

漳台两地语言相通、习俗相近，传统文化、民间信俗带给在漳州投资的台商、台农"相当熟悉的环境"。在这一次采访中，中新社记者走访了漳州7个县市区近10家台资企业，接受采访的台商与记者言必及"祖籍地"，他们来自高雄、台南、台中、彰化、宜兰等地，都认为漳州与他们的台湾家乡很相似。

在平和县大溪镇海拔近千米的大芹山上创办大陆首家威士忌酒厂的台商吴松柏便称：我宜兰的家仿佛就在眼前。

台企漳州仂元工业有限公司总经理郭文义说，他也到东南亚考察过，还是认为

台商吴松柏（左三）向客人介绍威士忌制作过程

在大陆有比较长期的发展空间。因为和东南亚语言不通、文化不同，有太多的因素导致他决定不往东南亚投资。

在大陆投资33年的台商陈思行把他的女儿、女婿也安排在漳州云霄的企业拓展食品电商业务，做得风生水起。他说，两代人在云霄发展，相互扶持，共同成长，来对地方了。

像陈思行女儿这样的"台二代""台三代"，已经活跃于漳州的台企中，有做乐器的、做化妆品的、做钢构材料的、做五金的，还有从事水果种植的，等等。

在云霄县创办草莓农场的"台二代"尤凯威说，上一辈台商来大陆投资，大多看重祖地情，而他们年轻一代则更看重大陆的市场、新业态，以及高科技带来的便利。

漳州市台商协会会长林伯彦谈起"台湾小镇"和台商会馆的建设时说，根据规划，"台湾小镇"项目拟投资10亿

台商陈思行的女儿、女婿在漳州云霄的企业拓展食品电商业务

95

元人民币，开发建设台胞居住区、商务酒店、台湾产品销售中心、台湾小吃街等。而台湾会馆项目拟投资5亿元人民币，开发建设台湾青年创业基地、台湾农渔会办事基地、台湾知名连锁品牌发展中心等，打造"台胞第一家园示范区"。

三、闽台产业对接，融合发展探路

2019年3月，习近平总书记在参加全国人大十三届二次会议福建代表团审议时指出，要探索海峡两岸融合发展新路，努力把福建建成台胞台企登陆的第一家园。2021年3月，习近平总书记来福建考察时指出，要突出以通促融、以惠促融、以情促融，勇于探索海峡两岸融合发展新路。

建设第一家园，探索两岸融合发展新路，福建肩负着时代的责任、历史的使命。

2021年11月1日，装载福建古雷石化有限公司首批销往台湾的4300吨乙烯单体的货轮，驶离古雷口岸。11月15日，20家海外华文媒体来到古雷石化有限公司采访，公司总裁张西国介绍了两岸石化合作及公司运行情况。他说，项目陆台合

2021"行走中国·海外华文媒体漳州行"启动仪式在古雷举行

资，我们不仅是共同新建一个产业，同时也是技术的互鉴，互相学习。项目投产对两岸的产业合作起到积极的促进作用。

古雷石化产业园区是大陆唯一的台湾石化产业园区，已有奇美、台达化学、和桐化学、联华实业等8个台资项目落地。其中，福建古雷石化有限公司是一家两岸石化合作企业，福建炼油化工有限公司与台资企业旭腾投资有限公司各占50%股份，项目建设包括百万吨级乙烯等9套化工装置及配套公用工程。项目一期工程投资278亿元，2021年已建成投产，这个两岸最大的石化产业合作项目，可带来的上下游产业产值超过千亿元。

海外华文媒体代表参观古雷石化产业

而在泉州，当地发挥台商投资区、海峡两岸集成电路产业合作试验区等载体作用，深化泉台在半导体、精细化工、医学检验等领域合作；推动与金门率先融合发展，建设两岸科技创新高地。例如，总投资116亿元的国亨泉港石化项目是台湾资金技术与泉州石化产业的强强联合，项目对泉州产业强链补链，拉动丙烯、聚丙烯下游石化产业发展起到积极作用。

《福建日报》2022年3月22日一篇题为《福建：共建"第一家园" 深化融合发展》的报道，回顾了过去一年闽台融合发展的丰硕成果：

——2021年，福建新设台企1495个，同比增长21.2%。实际利用台资50亿元人民币。闽台贸易额首次突破千亿元人民币，同比增长26.2%。

——2021年，福建新批12家省级对台交流基地。全省现有国家级、省级两岸交流基地92家。

——福建现有各类台青就业创业基地逾80家，前来实习就业创业的台青超过4万人次。

——2021年，福建新批台资农业项目78个，合同利用台资1.18亿美元；全省引进推广台湾农业良种120多个、先进实用技术50多项；新建151个台湾农业"五新"推广基地。

——2021年，福建27所高校在校台生1800多人。

——来闽从事乡建乡创的台湾建筑师和文创团队近百支300多人，陪护服务228个村庄。

2022年福建省政府工作报告给出了上一年福建在闽台融合发展上取得的显著成果：台胞台企登陆第一家园加快建设，率先公布第一批225项同等待遇政策，来闽实习就业创业台湾青年累计近4万人，吸引台湾建筑师和文创团队95支、乡建乡创人才300多名，新增12家省级对台交流基地。融通路径持续拓展，累计向金门供水超1700万吨，与金马通电项目福建侧工程开工建设。经贸往来持续提升，闽台贸易额逆势增长26.2%，首次突破千亿元，新增台资企业1495家、增长21.2%。人文交流持续深化，海峡论坛成功举办，海峡青年节等品牌效应继续放大，两岸同胞更加走近走亲。

两组数据相印证，反映2021年闽台融合发展"基本盘"。

是的，闽台融合发展，促进两岸和平统一，福建肩负特殊的历史使命。基于此，"第一家园"建设自然不是一般意义上台商台青在福建投资、工作、生活的软硬环境的改善、优化，而是要在更广阔的视域下从政策到项目、从交流到合作的深层融合。

这种交流、探索、建设，始终不止步。

2021年11月，福建省第十一

2011年1月1日，4.08吨台湾水果运抵厦门顺利通关，成为《海峡两岸经济合作框架协议》（ECFA）货物贸易早期收获计划正式实施后大陆采购的首票进口台湾货物

次党代会报告提出"探索海峡两岸融合发展新路，建设台胞台企登陆的第一家园"，其要义涵盖：

推动应通尽通——

提升经贸合作畅通，推动闽台电子信息、生物科技等优势企业产业链供应链价值链融合发展，完善闽台产业合作机制，支持符合条件的在闽台企上市融资，提升涉台经济园区对台产业集聚功能，推动台企融入新发展格局。提升基础设施联通，深入推进与金门、马祖地区通水、通电、通气、通桥。提升能源资源互通，推动建设两岸能源资源中转平台，建立便捷、经济、安全的资源产品供应通道。提升行业标准共通，在若干领域先行开展两岸标准化共通试点。加大平潭对台先行先试，促进厦门与金门、福州与马祖率先融合发展。

落实惠台利民——

完善保障台湾同胞福祉和享受同等待遇的政策和制度，全面落实农业、金融、文教、医卫等各领域融合发展措施，推动闽台社会保障和公共资源共享。提升台湾居民居住证应用便利化水平，着力增强台胞台企获得感。推动扩大台湾地区专业技术职业资格直接采认范围，完善台胞来闽就业创业政策支持和服务体系，引导台胞融入新福建建设。

深化民间交流——

依托宗亲、乡亲、姻亲、民间信俗等纽带，深入实施亲情乡情延续工程，发挥闽南文化等祖地文化优势，共同传承发展中华优秀传统文化，凝聚共识、增进认同。加强闽台民间基层和青少年交流，支持更多台胞参与基层治理等融合实践，深化闽台各领域融合。

时任中共福建省委书记尹力表示，福建要进一步解放思想、开拓创新、先行先试，以两岸同胞福祉为依归，加快建设海峡两岸融合发展示范区，在探索海峡两岸融合发展新路上迈出更大步伐，为促进祖国统一发挥更大作用。

四、在通、惠、情上做好对台三篇文章

"通"体现在经贸合作畅通、基础设施联通、能源资源互通、行业标准共通上。

游客在漳浦台湾农民创业园参观

漳州市的做法是做大合作园区，力促产业贯通。先后设立漳浦台湾农民创业园、海峡两岸（福建东山）水产品加工集散基地、海峡两岸花卉集散中心、古雷台湾石化产业园区、漳州台商投资区五个国家级产业园区，以及南靖闽台精密机械产业园一个省级产业园区，拓展和完善工业园区对台先行先试的创新机制，推动漳台石化、特殊钢、电子家电等产业全面对接。

泉州市与金门融情于水。2018年8月5日，福建沿海向金门供水工程正式通水。一渠清甜的闽水源源不断地穿越16公里的海底管道，流向金门。嫁到金门第26个年头的"大陆新娘"洪双飞也能喝到来自家乡晋江的水了。"两岸一家亲，共饮一江水"，从愿景变为现实。

洪双飞的老家晋江围头半岛最南端的金井镇围头村，是祖国大陆距离大金门岛最近的村子，直线距离只有5.2海里。站在海堤上，远处金门岛的轮廓清晰可见。

喝着家乡的水，洪双飞和其他大陆新娘以及各自的金门家人们，都期待着两岸好风吹，更上一层楼。让金门民众感激的是，这些年，来自大陆的水，总像"及时

2021年4月13日，空中航拍向金门供水工程水源地——晋江龙湖

雨"一样源源输来。金门人也道是"喝水不忘挖井人"，连孩子们都知道：如今约73%的金门用水来自对面的大陆。

福建省沿海地区面向金门的供水工程探索建立的多项创新合作机制，成为推进"金马四通"的工作样板。

平潭发挥海运快件、跨境电商、对台直航三大通道优势，实现了台湾商品到平潭的"朝发夕至"。"海峡号""丽娜轮""台北快轮"三船齐开、客货并行，在大陆率先实现至台湾本岛北、中、南海上航线"全覆盖"，为两岸人货往来搭起"黄金通道"。

平潭还建立起对台职业资格、企业资质、行业标准采信全覆盖体系，推出对台征信查询、诚信闪贷等特色金融服务。

"惠"，各种惠台政策、举措层出不穷。

2019年5月，福建省出台《关于探索海峡两岸融合发展新路的实施意见》，实施意见共42条，主要立足增进台胞民生福祉，回应广大台湾同胞关切，切实解决

2019年12月27日，福建沿海地区向马祖近期供水工程启用活动仪式在福建省连江县黄岐镇对台客运码头举行

好台湾同胞长期关心的平凡事、细微事、普通事，努力把福建建成两岸往来最便捷、合作最紧密、政策最开放、服务最贴心、交流最活跃、情感最融洽的"第一家园"。

比如，针对台企的需求，将"对重大龙头类、示范类台资项目优先给予用地指标保障"；"将自贸试验区内台企资本项下便利化试点政策扩展至全省"；对"在闽投资的台资养老机构用电、用水、用气按大陆同类企业标准执行"；"支持台资企业

2013年10月9日，"海峡号"平潭—台北航线首航

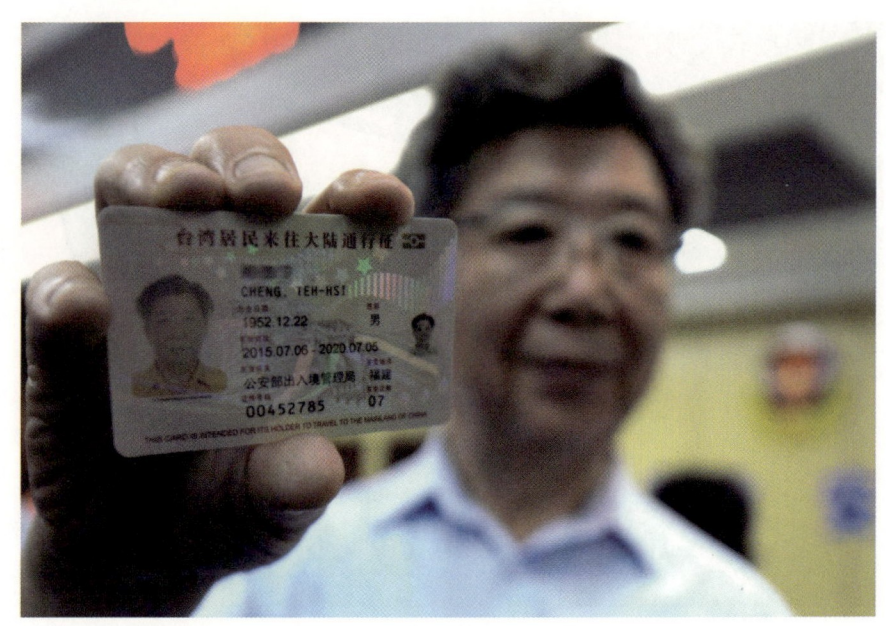

2015年7月6日，台湾居民来往大陆通行证在福州颁发

创新发展。推动台企科创板上市，台企股份制改造享受同等奖补。推动闽台合作建设高水平科研创新平台，符合我省产业转型升级需求的，给予专项资金支持"。

再比如，针对台农的需求，提出"争取放宽台湾特色农机具、肥料、种子等进口许可""省级财政每年安排贴息资金扶持台湾农民创业园建设""台湾同胞取得的统一经营林地可办理不动产登记"，等等。

还比如，针对台青台生的需求，提出"面向台湾同胞提供更多工作岗位。扩大事业单位招收台胞规模，根据台胞意愿和单位需要灵活使用编制"；"支持台湾高校毕业生申报我省大中专毕业生创业省级资助项目"；对"在闽高校就读台生按每人5000元标准发放一次性入学助学金"；支持台胞参与乡村振兴，提出"每年安排10个村庄名额，符合相关条件的，每个给予50万元补助"。

此外，针对台胞的生活需求，提出"推动台胞在闽使用台湾机动车驾驶证和便利换领大陆驾驶证"，"对在闽台胞参加'五险一金'实行分类管理、精准服务"。

举凡种种，这些利好政策，对吸引台胞到福建投资创业起到重要的推动作用。

再如，在福州只要在鼓楼、台江、仓山、晋安四个城区及大学城（高新区）与企事业单位签订1年以上劳动合同，或自主创业的企业法人，取得福州市台湾居民

台胞在选房现场查看户型图

居住证的，本人及配偶、未成年子女在福州无自有住房的台胞都可以申请台湾社区的公寓房。

2022年1月18日，福州的台湾社区首批公共租赁房550套推出，当天台胞选房45套，共有72名台胞入住。台胞王先生在台湾社区选了一套45平方米的单身公寓，月租金大约只有900元，他感叹"生活成本降低了，幸福感提升了"。

2022年4月13日，福州市台港澳办、市住房保障和房产管理局正式启动第二批在榕就业创业台胞公共租赁住房申请，与1月份推出的房源数量相同共550套。

在"42条"之前，福建已经出台过"66条"。2018年2月28日，国台办、国家发改委联合29个部委发布实施《关于促进两岸经济文化交流合作的若干措施》，同年6月6日，福建省出台《福建省贯彻〈关于促进两岸经济文化交流合作的若干措施〉实施意见》，即人们简称的"66条"。这66条体现的内涵是加快给予台资企业、台湾同胞与大陆企业、大陆同胞同等待遇。

66条措施实施将近一年后，福建省台港澳办负责人告诉媒体，福建66条实施意见中有65条已制定实施细则或产生具体案例，落实面达98%。

从政策的执行层面看，福建各级党委政府都是不遗余力的，有的地方甚至还

2021年2月11日除夕夜，台籍医生陈柏叡在福州一医院值守急诊，妻子张金燕带着一双儿女来到值班室，一家人在值班室围炉吃年夜饭，和在台湾苗栗的亲人视频通话

"层层加码"。以建设台胞台企登陆的第一家园来说，福建各地在第一家园建设上都提出了许多惠台举措，其实，单从这些地方提出的口号就能看出端倪。比如福州提"第一家园排头兵"，厦门提"第一家园第一站"，泉州提"用心用情打造第一家园"，漳州提"第一家园建设走前头"，平潭提"第一家园先行区"，莆田湄洲岛提"第一家园桥头堡"。

例如，厦门市倾力打造台胞台企登陆"第一家园第一站"。

2021年底，中共福建省委、省政府出台《关于支持厦门建设高质量发展引领示范区的意见》，厦门市在福建探索两岸融合发展示范区基础上提出要发挥核心引领区作用。某种意义上说，厦门在两岸融合发展、建设台胞台企登陆第一家园的过程中，扮演着十分吃重的角色。在天时、地利、人和诸方面，也只有厦门有此条件。

"第一站"自是要拿出创新的举措，先行先试。

2022年4月，厦门市26个职能部门共同参与制定的《厦门市打造台胞台企登陆第一家园"第一站"的若干措施》的实施细则出台。该实施细则是在上一年厦门推出的8条契合台胞台企所需所盼的措施基础上，职能部门进一步细化，更加便于

2015年5月20日，台车入闽实现常态化运行

执行和操作。实施细则对申报条件、应提交材料、办理程序、牵头单位、联系人、联系电话、受理地点等都做了明确说明、规定。

比如第一条：依托中小微企业融资增信基金，设立"台商增信子基金"，提高台资中小企业信用融资水平。充分发挥市、区产业引导基金、政策性融资担保公司作用，为在厦台企提供金融支持。

厦门大学台湾研究院副院长张文生教授在接受中新社记者采访时表示，福建探索两岸融合发展示范区，第一步就是要在经济上把福建建成海峡两岸的共同市场，推动经济融合；第二步就是要把福建建成海峡两岸人民的共同家园，这是推进两岸社会文化融合的重要内容；第三个阶段，就是要建构两岸同胞的共同命运。

"探索海峡两岸融合发展新路，建设台胞台企登陆的第一家园"，当前福建提出深入推进与金门、马祖地区通水、通电、通气、通桥，促进厦门与金门、福州与马祖率先融合发展。应该说，这是现行条件下比较符合福建实际情况的促进两岸融合发展的重要抓手。

2021年11月一首歌曲火爆全网，它就是《坐上动车去台湾》：坐上那动车去台湾 / 就在那2035年 / 去看看那外婆澎湖湾 / 还有那脚印两对半 / 坐上那动车去台湾 / 就在那2035年 / 去看看那情歌阿里山 / 还有那神奇的日月潭……

平潭作为京台高铁最重要的枢纽，何时连接台湾，让动车直接从平潭穿过海底隧道开到台北，还在未定之天。但歌曲寄托人们美好愿望，希望那一天早日来到。

第五章

闽商弄潮

民营企业是福建经济发展的重要力量。时任福建省委书记尹力在"中国这十年·福建"主题新闻发布会上高度肯定福建的民营经济：民营经济成为全省经济发展的重要支撑；民营经济成为全省科技创新的重要载体；民营经济成为全省增进民生福祉的重要力量。

在发达的民营经济背后，则是一批又一批被称为中国最具活力和实力的商业群体之一的闽商。"善观时变、顺势有为，敢冒风险、爱拼会赢，合群团结、豪侠仗义，恋祖爱乡、回馈桑梓"32字对闽商近千年的发展历程和长期艰苦创业形成的独具特色的闽商文化和精神作了一个高度概括。

2022年6月18日，第七届世界闽商大会在福州隆重揭幕。来自全球各地的1600名闽商精英及其他各界人士，汇聚榕城主会场，他们通过印度尼西亚雅加达、马来西亚吉隆坡、菲律宾马尼拉、澳大利亚悉尼、中国香港5个视频分会场相聚线上线下，同叙乡情，共谋发展。

本届世界闽商大会以"同心向未来，建设新福建"为主题。全国政协副主席、全国工商联主席高云龙出席闽商大会，他在讲话中指出：闽商有理想、重情怀、敢打拼、善团结，是世界华商的一支中坚力量，是福建的宝贵资源。

2022年6月18日，第七届世界闽商大会在福州隆重揭幕

一、民营经济：三分天下有其二

福建是民营经济大省，民营企业是福建经济发展的重要力量。改革开放之初，省委、省政府就卓具慧眼地提出"乡镇企业打头阵"的口号，由"乡镇企业一枝花"转化为民营经济一枝花，终有所谓"三分天下有其二"。

晋江市陈埭镇政府二楼荣誉厅，一面写有"乡镇企业一枝花"的锦旗，从1984年悬挂至今。1984年，陈埭集资办起的企业多达480多家，《人民日报》还为此刊登了一篇名为《福建一枝花》的报道，给予高度评价。一时间，从中央到地方，纷纷来这里取经，陈埭成为全国乡镇企业发展的典型。

"乡镇企业打头阵"是福建省的经济发展战略构想之一，民营经济很大程度由此孵化而来。

其始也简，其毕也巨。2012年以来，福建民营经济有长足进展。

2012年，福建民营经济总量13141亿元，占全省GDP比重66.7%，提供全省50%税收，解决85%就业岗位。2012年，福建省规模以上民营工业企业11849家，占比80.1%。

福耀玻璃自动化生产车间

2021年6月22日，福建省民营企业发展大会在福州召开。大会提供的材料显示，2020年，福建省民营经济增加值3万亿元，占全省GDP的近70%，成为经济发展的主动力；提供70%的税收，成为财力增加的重要源泉；贡献70%的科技成果，成为创新型省份建设的最大动力；提供80%的就业岗位，企业数占90%以上，成为就业的最大主体。

同时，全省高新技术企业中95%以上是民营企业。21家民营企业入选中国民营企业500强，数量全国第六。2020年，全省新增私营企业28万户，增长9.4%。

统计部门发布的《2021年福建省国民经济和社会发展统计公报》，没有体现民营经济在福建省国民经济中所占比重，仅在固定资产投资一项，提到"全年固定资产投资19083.28亿元，比上年增长6.0%……其中，民间投资11018.71亿元，增长5.9%"。

改革开放以来的40多年里，福建民营企业从个体工商户、小作坊、小微企业起步，不断做强做大。在2021中国民营企业500强排行榜中，有福建省的17家民营企业。

截至2021年,福建连续4年发布了民营企业100强榜单和百强报告。2021年福建民营企业百强总营收1.86万亿元人民币。民营企业百强榜显示,福建民营企业发展韧劲十足,已成为融入新发展格局的重要力量。

2021年福建民营企业100强排名前十的民营企业为:阳光龙净集团、青拓集团、融侨集团、永辉超市、福建大东海实业集团、恒申控股集团、福建永荣控股集团、宁德时代、三盛集团、融信(福建)投资集团。

《2021福建省民营企业100强分析报告》显示:福建民营企业规模总量不断壮大。具体表现在入围门槛35.41亿元,比上年增加17.41亿元。榜首阳光龙净集团营收2502.1亿元,比上年增加293.1亿元;100家入围民营企业平均营收达到266.1亿元,比上年增长60.1%。阳光龙净集团等17家企业上榜"2021中国民营企业500强",福建大东海实业集团等16家企业入围"2021中国制造业民营企业500强",阳光龙净集团等6家企业入围"2021中国民营企业服务业100强"。

百强民营企业区域分布差异明显。2021年百强呈现出高度不均衡状况,主要集中于厦门市、福州市和泉州市,三个核心城市占比达到83%。其中,厦门市37家,

宁德时代总部

福州市 34 家，泉州市 12 家。福州市上榜企业的营业收入总额和资产总额均位居第一。其余 6 个设区市上榜企业数均少于 5 家。

在税收方面，福建省民营企业 100 强纳税总额达 808.4 亿元，占全省税收总额的 14.5%，纳税额超过 10 亿元的有 18 家。而 2021 年福建民营企业税收总量占全省税收约七成。

从产业看，没有一家一产企业进入百强。第二产业入围企业 57 家，比上年减少 10 家；第三产业入围企业 43 家，比上年增加 10 家。制造业仍然占主体地位，入围数量达 44 家，其中，排名前十位的企业中制造业占 5 家。

值得关注的是，在发布百强榜的同时，另外发布了福建民营企业制造业 50 强，可见福建对实体企业尤其是制造业的重视。

2022 年 9 月 1 日，时任福建省委书记尹力在"中国这十年·福建"主题新闻发布会上，这样高度肯定福建的民营经济：民营经济成为全省经济发展的重要支撑；民营经济成为全省科技创新的重要载体；民营经济成为全省增进民生福祉的重要力量。

二、亲清政商，破除"三重门"

2016 年全国两会期间，习近平总书记在看望出席全国政协十二届四次会议的民建、工商联界委员并参加讨论时，对新型政商关系作了精辟论述，强调新型政商关系概括起来说就是"亲""清"两个字。2017 年"构建亲清新型政商关系，促进非公有制经济健康发展和非公有制经济人士健康成长"被写入党的十九大报告。2018 年全国两会期间，习近平总书记参加广东代表团审议时进一步强调，对企业来说，构建亲清新型政商关系才是阳关大道。2020 年 7 月 21 日，习近平总书记在企业家座谈会上又一次强调构建亲清政商关系。

什么是亲清政商关系？简言之，政府、官员与企业、商人之间建立亲切、亲和甚至亲密的友好关系，保持着清白、清正、清廉的君子之交。既要亲，更要清，所谓亲而不清容易引发贪污腐败，清而不亲则导致不作为、慢作为。

作为民营经济大省，福建对建立亲清政商关系尤其重视与努力。

福建历来有着重商、亲商、爱商的优良传统。历届省委、省政府均重视民营企业发展，善待民营企业、企业家。特别是近十年来，每年在春节开假前后与企业家座谈成为省、市、县的"保留节目"，成为惯例。与此同时，春节期间，省、市、县各级党委政府领导深入节日坚持连续生产的企业，看望慰问企业家，向他们送上节日祝福，了解企业发展现状和需要解决的困难问题，为企业发展提供有力服务保障。

2021年2月19日，时任中共福建省委书记尹力在和民营企业家代表座谈时强调，福建各级党委和政府要始终与民营企业想在一起、站在一起、干在一起，把支持民营企业发展作为一项重要任务，经常听取民营企业反映和诉求，帮助解决实际困难，以高质量的服务保障，让企业有实实在在的获得感。

中共福建省委、省政府召开民营企业家座谈会

2022年2月7日，春节开假第一天，中共福建省委、省政府召开民营企业家座谈会。尹力表示，福建要把推动民营企业发展摆在更加突出的位置，大力支持民营企业发展壮大；深入推进法治福建、诚信福建建设，依法保护民营企业和企业家的合法权益，让大家安心经营、专心发展；全面落实减税降费等各项惠企助企政策，实打实帮助企业解决融资、用工等具体困难问题，让企业有更多获得感。

尹力特别强调，要弘扬福建重商、亲商、爱商的优良传统，构建亲清政商关系，完善政企会商、干部挂钩联系服务企业等机制，做到亲而有度守底线，清而有为敢担当。

泉州、福州是福建民营经济最发达的两个设区市，2021年，两市的GDP同时迈过万亿元大关，这当中，民营企业厥功甚伟。

正月初一是闽南人最为看重的日子之一，每年这个时候，晋江市四套班子主要负责人都要集体拜访当地企业家。这条不成文的约定已延续多年，风雨无阻。

恒安集团董事局副主席许连捷看在眼里，感动于心："从当年引导企业重质量、打品牌、谋上市，到如今的创新驱动、'数智转型'，每到发展的关键节点，党委和政府总能及时为企业明方向、定航标、添动能。"

领导干部挂钩帮扶企业，在晋江早已是常态。受疫情影响，胜科纳米（福建）有限公司曾有一批重要设备滞留国内某港口。晋江市政府得知，马上出手联系当地商会，协助企业拿到了设备。这个关键时刻的"帮一把"，让公司负责人念念不忘。

"不叫不到，随叫随到，服务周到，说到做到。"这四句话不仅挂在晋江干部的嘴边，更落实在行动上。海归博士、约克新材料科技有限公司总经理曾福泉对此深有体会。他当年到晋江创业，都是本地干部找上门来服务。感动之中的回报更是满满当当，他领衔的技术团队快马加鞭攻克了第三代着色技术，在晋江落地转化后，应用于食品包装、纺织化纤等领域，好评如潮。

20多年来，晋江传承弘扬"晋江经验"，持续深化"放管服"改革，全力构建市场化、法治化、国际化营商环境。如今，全市行政许可事项承诺时限在法定时限基础上平均压缩93.71%，即办件占比为85.73%。如此构建的亲清政商关系，深得民心。

2022年2月6日，泉州市召开民营经济发展大会，有1000位企业家、行业协会负责人和有关银行机构负责人参加，泉州市县两级四套班子和有关部门负责人在主、分会场参会。仅从大会的规模、阵容视之，就可以知道这不是一个简单的会议，时间选择在春节假期的最后一天，可谓谋事心切。

泉州市在此次民营经济发展大会上释出了政策利好消息，发布了《泉州市人民政府关于进一步支持民营企业高质量发展的若干措施》，在上一年出台"九奖八补七服务"惠企政策基础上，进一步制定12条惠企措施。中共福建省委常委、泉州市委书记刘建洋在大会上表示，创新发展，厚植民营经济高质量的营商环境，为民营企业保驾护航，是各级党委政府义不容辞的责任。

2012年9月17日，以"创业维新，创投维远"为主题的"首届福州论坛——创业与创投2012"在福州海峡国际会展中心举行

　　福州市也召开过多次企业家大会、座谈会。2020年12月18日，福州市企业家大会在海峡国际会展中心举行。会场设在二楼，有1300名企业家与会。开幕前福州市四套班子成员在一楼扶手电梯边迎接民营企业家。中共福建省委常委、福州市委书记林宝金称，企业家大会旨在发布政策举措，激励奋发创业。

　　大会上，福州市推出了培育龙头企业发展、一企一议、保障重点项目用地等七项政策措施，以强化政府服务企业，进一步构筑良好的政务、营商环境。福州市推出的新政策主要是针对企业在发展过程中遇到的用地、资金、人才等问题，以及推动企业产业延伸、自主创新、培育品牌、跨行业融合诸方面所采取的优化、解决措施。

　　为出台这些新策，福州市自当年9月起进行了100多场企业调研，收集意见建议，研拟出台方案，政府审慎审议，保持政策延续。林宝金表示，"政策出台要有用；政策不接地气，就是画饼，好看不好吃"。

　　有人说，始终制约民营经济发展的是"三重门"。何谓"三重门"？"卷帘门""玻璃门""旋转门"是也。

　　"卷帘门"主要是指在投资准入、金融政策等方面不能一视同仁，对民营企业设定各种限制条款，拉下来吃闭门羹；"玻璃门"主要指新政策、新规定、新办法都

市民在福州永辉超市购物

有了,民营企业看得见却进不去也享受不到;"旋转门"主要指职能部门的管理不到位,让企业绕弯子、转圈子,很多时候,民营企业转着转着就转到门外去了。

2018年11月,在民营企业座谈会上,习近平总书记就强调要打破各种各样的"卷帘门""玻璃门""旋转门",为民营企业打造公平竞争环境。

民企遭遇"三重门",说到底还是权力之手伸得过长,跨越了合理边界,违背了市场公平原则。打破民企发展面临的重重阻力之门,关键在清理违反公平、开放、透明市场规则的政策文件,推进反垄断、反不正当竞争执法,用法治管住"门后的推手",让民间投资真正进得了"门"、办得成事、挣得到钱,激活市场公平竞争的一池春水。

多年来,福建在破除"三重门"现象上是下了大力气的。

在2021年11月4日举行的第四届福建民企高峰论坛上,福建省政协副主席、省工商联主席王光远表示,福建省先后出台系列惠企政策,千方百计为民营经济发展营造更好的法治环境、政务环境、要素环境、市场环境和创新环境。在2021年"万家民营企业评营商环境"活动中,福建营商环境获得好评,政务环境、市场环境各项指标名列前茅。

2021年11月26日召开的福建省第十一次党代会，还专门就进一步推动民营经济发展进行部署，强调坚持"两个毫不动摇"，即：毫不动摇巩固和发展公有制经济，毫不动摇鼓励、支持、引导非公有制经济发展，保证各种所有制经济依法平等使用生产要素、公平参与市场竞争、同等受到法律保护，构建亲清政商关系，传承"晋江经验"，持续优化民营经济发展环境，精准落实放宽准入、减税降费等促进民营经济发展的各项政策措施，缓解融资难题，提升政务服务水平。

三、制造为本，守成创新

制造业是实体经济的核心。

2021福建省制造业民营企业50强榜单显示，前50名企业总营收达8359.35亿元。

位列前十的分别为青拓集团有限公司、福建大东海实业集团有限公司、恒申控股集团有限公司、福建永荣控股集团有限公司、宁德时代新能源科技股份有限公司、福建省金纶高纤股份有限公司、安踏体育用品集团有限公司、三宝集团股份有限公司、福建三安集团有限公司、福建圣农控股集团有限公司，总营收达5338.07亿元。

榜单显示，2021福建省制造业民营企业50强涉及18个行业。其中：化学纤维制造业位居入围企业数量榜首，为9家，营业收入户均221.43亿元；电气机械和器材制造业入围企业数量次之，为5家，营业收入户均164.33亿元；黑色金属冶炼和压延加工业、农副食品加工业，以及计算机、通信和其他电子设备制造业入围企业数量均为4家，营业收入户均分别为633.92亿元、105.65亿元和43.57亿元。

福建每年发布民营企业百强榜的同时，发布制造业民营企业50强榜单，是有明确的政策导向的。用福建省政协副主席、省工商联主席王光远的话说，就是"民营企业家要顺势而为，紧紧围绕福建省'十四五'制造业发展的重点方向，推动制造业加速走向数字化、网络化、智能化，为建设先进制造业强省、质量强省做出新贡献"。

其中，新能源企业更是异军突起。

新能源企业，首先要提的便是宁德时代。甚至，谈中国新能源产业的发展，也

外宾在宁德时代新能源科技有限公司参观

绕不开宁德时代。这家成立于2011年12月的科技公司，用10年的发展证明中国新能源技术的春天已经到来。

2021年5月，福布斯实时富豪榜显示，宁德时代的董事局主席曾毓群以身家345亿美元超过李嘉诚跻身香港首富。这已是年仅53岁的曾毓群二度上榜香港首富。

宁德时代生产的电池是特斯拉电动汽车不可或缺的核心部件，曾毓群因此被称为特斯拉首席执行官马斯克"背后的中国男人"。

2020年1月底，特斯拉在发布2019年第四季度及全年财报时，简短地提到"已经跟中国最大的动力电池供应商宁德时代达成了合作"。这意味着，宁德时代成为特斯拉继松下和LG化学之后的第三位合作伙伴。这一消息引发股民狂欢，也让宁德时代市值一度高达7500亿元人民币，成为中国股市创业板史上首只市值突破7000亿元的公司。

宁德时代的好时光起于2012年与华晨宝马的合作，之后，中国国内车企纷至沓来。同时，宁德时代也走完了动力电池研发、设计、开发、认证、测试的全流程，成为当时唯一一家进入跨国汽车企业动力电池供应链的中国企业，这为后续的发展积累了经验和品牌背书。

2015年，中国新能源汽车迎来第一轮大爆发，产量在一年内增长近4倍到33万辆，宁德时代趁势实现了飞跃，其电池产量由2014年的0.27GWh一跃至2.19GWh，增长超8倍。

新能源行业是2021年股市最牛的，作为该行业的龙头老大，宁德时代总市值一度突破1.5万亿元。2021年，福建省新能源企业雪人股份、永福股份、中闽能源三家企业全年股价涨幅均超过了一倍。

福建有上千家新能源企业，短短十年时间异军突起，它们是民营企业的生力军。

新能源产业作为战略性新兴产业发展工程，与新材料、生物与新医药、新一代信息技术、智能化高端装备等战略性新兴产业，已成为民营企业大力涉足的新天地。目前，福建省正大力支持宁德时代扩产能、厦门钨业锂电池正极材料、钜能电力高效太阳能电池等项目建设。

新能源产业之外，福建民营经济基于资源禀赋的比较优势，形成了纺织、鞋服、食品、地产等传统优势产业，而且随着互联网技术的广泛应用，传统产业已出现革命性的变化。

以福州市长乐区的纺织业为例，该区有纺织企业逾1300家，行业用工超过10万人。如果单从长乐纺织业队伍来看，它就是一个劳动密集型的产业；但如果均摊到每一个企业，其用工量是十分有限的。这是网络数字等新技术应用的结果。

恒申控股集团成立于1984年，它是长乐纺织业发展的缩影。以2013年为界，这一年5月，恒申集团在福州连江可门开发区投资400亿元，建设申远新材料项目，引进世界上高水平生产技术，建设年产100万吨己内酰胺一体化项目；2017年7月，申远第一条20万吨生产线投产，从而解决了原材料供给问题。截至2021

福建纺织企业

晋江"鞋博会"上的安踏展馆

年，恒申纺织集团拥有10多家实体企业，年产值已超过500亿元，位居2021年福建民营企业百强榜第六位、2021年福建省制造业民营企业50强榜第三位。值得称道的是，在企业规模发展壮大的同时，恒申持续推进技术和产品创新，既抢占了产业价值链高端，又实现了由劳动密集型向技术先进型的蝶变。

2013年，长乐纺织业年产值越过1000亿元大关，达到1150亿元；到了2019年，产值突破2000亿元。2021年，长乐纺织业年产值2383.18亿元，比上年增长11%，成为福建乃至我国县域少有的规模突破2000亿元的大产业集群。

作为传统产业的典型代表，晋江的体育服饰产业亦见证了福建民营经济十年来的发展变化。晋江是中国"品牌之都"，它孕育、诞生了诸如安踏、特步、鸿星尔克、匹克、柒牌、361°等逾百个运动品牌，鞋服产值超过2000亿元。

2022年3月22日，安踏集团发布业绩公告，2021年安踏营业收入同比增长38.9%至493.3亿元。

和大多数晋江的民营企业一样，安踏也是草根出生。

2012年对安踏来说是一个很重要的年份，这一年，安踏营收76亿元，超过李宁公司，成为中国本土体育用品行业第一。2019年，安踏成为国际奥委会官方体育服装供应商。从2012年到2021年安踏始终执行业之牛耳，同时开启大规模海外国际品牌的收购。

能够把传统行业做得风生水起的不仅仅是恒申、安踏，也不仅仅是长乐、晋江的民营企业。最近十年，福建县域经济崛起壮大，离不开民营企业的发展。以泉州为例，晋江体育服饰、食品加工，石狮纺织服装，南安的卫浴、石材，安溪茶叶，德化陶瓷、惠安石材加工、建筑等，都为当地经济发展发挥了举足轻重的作用。

四、互联网经济风生水起

进入21世纪，互联网经济风生水起。如果把在此领域的拼搏比作一场比赛，那么，20多年时间以中间时段为界，大约分成上半场和下半场。新大陆、星网锐捷、网龙等在上半场就入场了，但在下半场依然体能过人，雄姿英发。

成立于1999年的网龙网络公司，致力于网游产品、在线教育的研发和推广。2013年——也就是互联网经济进入下半场时段，网龙旗下91无线以19亿美元出让给百度，创下当年中国互联网企业最大一次并购，在业界引起轰动。

资料显示，网龙已先后推出几十种网游、手游产品。据称，采用跨平台互通游戏移植技术开发的《征服》，在国内同类产品中市场占有率第一，海外出口规模第二；而《魔域》全球总注册用户超过6000万，成为中国精品网游的代表。

这家总部位于福州的互联网头部企业在其公司官网"自我介绍"提到"网龙在福州滨海新城打造国际未来教育之都——数字教育小镇"，且不说如何"打造全球数字教育内容生产基地，向世界输出数字教育的'中国方案'"，仅就技术应用而言，它就是一个极具前瞻性的互联网边际产业。新冠疫情发生的这两三年，网络线上教学广泛而普及。

跟互联网相关的另一个"小镇"，即同样位于

数字中国峰会上，市民体验网龙产品

福州东湖数字小镇

滨海新城的福州东湖数字小镇，是一个互联网经济的未来之城。

东湖数字小镇自2016年6月18日开镇以来，以引入VR（虚拟现实）产业为开端，逐渐形成以大数据、健康医疗科技、人工智能、区块链、虚拟现实等五大数字产业为主的产业布局。迄今为止，数字小镇已经引入微软、腾讯、阿里、华为、京东、小米、360等互联网高科技头部企业；一批知名企业，如浪潮、中电数据、东华软件、星网锐捷、贝瑞和康也落户小镇。据统计，截至2020年7月，总计有443家知名数字经济企业与机构落户，注册总资本超过359亿元。

事实上，福建民营互联网企业的重镇是在厦门。业界认为厦门处在中国互联网第二梯队头部。2021年11月，中国互联网协会发布《中国互联网企业综合实力指数（2021）》，揭晓"2021年中国互联网综合实力前百家企业"名单，福建有7家互联网企业上榜，其中厦门企业占5家。

5家上榜厦企分别是：美图公司（第28位），四三九九网络股份有限公司（第35位），厦门吉比特网络科技股份有限公司（第65位），厦门美柚股份有限公司（第95位），厦门点触科技股份有限公司（第99位）。

总部在福州的福建网龙计算机网络信息技术有限公司则排在第39位、福建游龙共创网络技术有限公司列第100位。

四三九九、吉比特、点触科技均为游戏企业；美图和美柚均是以工具型应用起家，后逐步形成多产品矩阵。美图社会知名度比较高。据了解，美图创新影像及社区应用矩阵已在全球拥有20亿用户。

2022年4月8日财富中文网发布"2022年中国最具影响力的50位商界领袖"，有5位闽商入选。其中，字节跳动的张一鸣位居第二，仅次于华为创始人任正非；美团创始人、董事长兼首席执行官王兴排在第21位。

张一鸣（上）、王兴（下）参加在福州举办的数字中国建设峰会

美团的出现是在2010年3月，不到十年便成为家喻户晓的新兴互联网巨头。字节跳动比美团晚了两年，它成立于2012年3月；2021年字节跳动收入约为580亿美元，同比增长70%。今日头条、抖音、TikTok均炙手可热。

字节跳动和美团见证了十年来中国互联网发展的奇迹。

客观地说，相对于广东深圳、浙江杭州等地，厦门、福州在全国互联网行业中所处的位置，还不到前端。

然而，2021年，福建数字经济规模达到2.3万亿元，作为福建重点发力的四大经济（绿色经济、海洋经济、数字经济、文旅经济）之一，数字经济发展正逢其时。放眼全国，众多闽商纵横互联网领域，引领风骚，知名的企业包括美团、字节跳动、神州专车、新大陆、脉脉求职、拼多多、朴朴、美图、比特大陆、网龙、喜马拉雅等。

在政策引领下，越来越多的民营企业在向互联网聚拢。

五、走出国门，纵横四海

福建许多民营企业，由于其所处的区位特点与时代特征，它一出生就带有外向的特质。早年，泉州石狮、晋江，福州长乐、福清一带的小作坊、小微企业，多从"三来一补"起步，慢慢做大做强后，开始融入国际市场的产业分工，在进出口贸易中纵横四海。

经济特区、沿海开放城市、各种各样的开发区所提供的软硬条件、政策措施，都让民营企业沉浸于对外开放的大格局之中，获得向外拓展的机会与实践。

2001年，中国加入WTO，使福建的民营企业更多地加入国际大循环。

从2012年至今，自贸试验区、海丝核心区建设，又为民营企业提供了向外拓展的更广阔的空间。

无法具体统计福建民企海外投资的情况，从媒体报道的信息中披览几条"有用"的内容，或可说明民企海外投资的势头——

来自福建省外经贸厅的消息称，2012年前三季度福建新批境外投资企业和分支机构86家，中方协议投资额6.97亿美元，其中民营企业的对外投资占全省对外投资总数的80%以上。

福建省发展和改革委员会通报，2021年，福建省备案境外投资项目262个，中方投资额20.2亿美元。

福建民营企业对外投资一是获取资源，参与境外农林渔矿等资源开发，加快海外战略布局；二是贴近市场，直接在境外制造加工基地或建立营销网络。

中新社2021年5月的报道显示，福建民营企业在海外的投资项目中，厦门象盛镍业公司在印尼投资的不锈钢冶炼厂总投资额近20亿美元，为最大的项目；而泉州百宏公司则在越南投资了该国最大的化纤生产企业；福州宏东渔业公司的毛里塔尼亚项目，是中国企业在海外建设规模最大的远洋渔业基地。

此外，海外经贸合作区也成为企业集群式"走出去"的重要平台。目前，福建在建的境外经贸合作区已有近20个，覆盖加工制造、商贸物流、资源利用和农业产业等多种类型。

"两国双园"成为民企对外投资新方向。中国—印尼"两国双园"中，中国合作方园区为福州元洪投资区，印尼民丹工业园、阿维尔那工业园和巴塘工业园被确定为印尼方合作园区，为民企投资印尼提供更大平台、更多保障。

2022年1月1日，《区域全面经济伙伴关系协定》（RCEP）正式生效。RCEP成员包括东盟10国和中国、日本、韩国、澳大利亚、新西兰等15个亚太国家，而东盟成为福建民企"走出去"新的发力点。福建省商务厅提供的数据表明，从2010年到2020年，福建共备案对RCEP成员国投资项目539个，中方协议投资金额82.1亿美元，占同期福建省对外投资额的两成。

福耀玻璃与合作汽车厂商

其中，福耀集团是较早走出去开疆拓土的民营企业。

2011年6月，福耀公告称，拟在俄罗斯卡卢加州首府卡卢加市大众工业园区注册成立全资子公司"中国福耀（俄罗斯卡卢加州）玻璃工业有限公司（暂定名）"，通过该公司投资2亿美元在园区建设汽车安全玻璃项目。卡卢加市大众工业园区位于俄罗斯首都莫斯科西南约150公里。两年后，2013年9月，福耀玻璃在俄罗斯卡卢加州的福耀一期项目100万套汽车玻璃生产线投产。

这是福耀海外设厂的第一个项目，标志着该公司开始国际化布局。

影片《美国工厂》让福耀海外设厂成了全新的话题。影片讲述福耀玻璃接手美国俄亥俄州一座废弃的通用汽车工厂，将其改为玻璃制作工厂并雇请上千名美国员工的故事。该片2019年上映后引起轰动。

福耀1995年进入美国市场，很长时间内在美国的发展以贸易为主。

2014年，福耀获准赴美国投资办厂；2015年，位于美国俄亥俄州代顿市的汽车玻璃工厂动工兴建，2016年10月正式竣工投产。

这是福耀继俄罗斯项目后第二个海外设厂。

俄亥俄州代顿市曾是美国汽车产业的兴盛地。福耀在这里建厂一年多时间，产值就从零增长到3亿多美元，17万平方米的废弃厂房变成了拥有成熟生产线的世界最大单体汽车玻璃工厂……

美国设厂之后，福耀又去了德国。2018年底，位于德国海尔布隆的工厂竣工投产。其产品主要是为满足宝马等欧洲汽车巨头客户的需求。

福耀成为世界同行业的第二，差不多用了30年，这个在改革开放春风里生长在福建的企业，以其经历回答世界：在WTO规则的统一标准之下，福建企业有能力也有底气走出国门，争夺更大的市场，造福更多的族群。

而中国体育运动服饰第一品牌的安踏集团，其国际化之路是这样的——

2009年，安踏将意大利品牌Fila中国商标权及运营业务纳入囊中。

2015年，安踏收购英国品牌Sprandi。

2016年2月23日，安踏宣布将斥资1.5亿元与东京上市公司迪桑特日本的子公司Descente Global Retail Limited以及东京上市公司ITOCHU Corporation的子公司伊藤忠成立合资公司，以在中国（不包括香港及澳门）独家经营及从事带有"Descente"商标的所有类别产品的设计、销售及分销业务。

2017年10月，安踏宣布完成了与韩国Kolon Sport（可隆）成立合资公司的全部流程。

2017年10月，安踏宣布收购著名童装品牌小笑牛（KingKow）100%股权及有关商标拥有权。

2019年，安踏完成了又一起大手笔并购——收购了拥有始祖鸟、萨洛蒙和威尔逊三个知名品牌的国际体育巨头亚玛芬体育（Amer Sports）。这是安踏体育、方源资本、Anamered Investments及腾讯所组成的投资者财团一起完成的。

海外并购加速了安踏国际化进程。

除了类似福耀、安踏这样的海外投资、并购，福建还积极推动企业境外上市，"十三五"期间新增境外上市公司29家。

据统计，福建省在香港投资企业超过千家，福建企业在香港上市近80家，融资额超过千亿港元。从数据来看，境外上市涵盖中国香港、台湾地区以及美国、德国、新加坡、马来西亚、韩国等地。

值得一提的是，民营企业特别是泉州民企成为福建企业境外上市主力。恒安国际、安踏体育、达利食品、361°、特步国际、富贵鸟、中国利郎、亲亲食品等都是泉州民企。

六、闽商公益——恋祖爱乡、回馈桑梓

闽商具有乐善好施、豪侠仗义的精神特质。第一届世界闽商大会提出"闽商精神"——善观时变、顺势有为，敢冒风险、爱拼会赢，合群团结、豪侠仗义，恋祖爱乡、回馈桑梓——总共32个字，很好地诠释了这种精神特质。

长期以来，闽商热心公益事业。闽商群体在捐资办学、赈灾扶贫等方面始终走在前头，涌现出"中国首善"、七次获中国慈善奖的曹德旺；获得中国光彩事业突出贡献奖、六次上榜胡润慈善榜的许健康；有在企业亏损情况下仍向2021年河南特大水灾"豪捐"5000万元的鸿星尔克，引发网络"风暴"，好评如潮。

据不完全统计，十年来闽商捐款超过200亿元，新冠疫情发生以来捐款捐物30多亿元。

值得一提的是成立于1997年9月的福建省光彩事业促进会。促进会大力弘扬"致富思源、富而思进、义利兼顾、以义为先、扶贫济困、共同富裕"的光彩精神，十年来引导和团结带领民营经济人士以产业扶贫、消费扶贫、定向捐赠等方式，聚焦"千企帮千村""同心·光彩助学""光彩·粉红丝带"等项目，获得社会的广泛好评。

2017年，福建省光彩事业促进会作为唯一获奖的团体单位被评为福建省十大"最美资助人"。

曹德旺，被誉为"中国首善"。曹德旺和他的河仁慈善基金会已累计捐款超过260亿元人民币。2021年11月，福州市人民政府与河仁慈善基金会签订福耀科技大学建设战略合作框架协议，由河仁慈善基金会出资100亿元建设福耀科技大学，并无偿捐献给政府。2022年5月，福耀科技大学动工兴建，牵动社会关注的目光

据不完全统计，截至2020年底，在"千企帮千村"行动中，福建省近1500家民营企业和商会组织通过光彩事业促进会结对帮扶1500个贫困村，累计投入资金近10亿元，惠及6.7万贫困人口。

2021年，民营企业通过福建省光彩事业促进会捐赠4500多万元，实施光彩公益项目38个。

光彩事业促进会之外，十年来，由民营企业、民营企业家成立的各类慈善基金会如雨后春笋般涌现，如河仁慈善基金会、安踏和木爱心基金与和敏基金会、承群基金会（永同昌集团）、国镜基金会（大东海集团）、种子基金会（正荣集团）、恒申慈善基金会（恒申集团）、福信慈善基金会、匹克基金会等。

由商会成立的公益慈善基金会亦不断涌现，如辽宁省闽商公益基金会、河南省闽商慈善基金会、福建省企业家公益协会……

2004 年 5 月 17 日，第一届世界闽商大会在福州隆重举行

七、爱拼才会赢，闽商有力量

闽商作为一个群体，受到社会各界的广泛关注和高度重视。

从 2004 年开始，福建省每三年举办一届世界闽商大会，展现了全球闽商合群团结的良好形象。省内外闽商商协会组织，在承担政治引领、经济服务、诉求反映、权益维护、诚信自律、协调参与社会治理等方面发挥作用。许多服务于闽商的新闻文化学术机构，出版闽商年度报告、举办闽商论坛、评选年度新闻和闽商新锐人物，为传播闽商精神、弘扬闽商文化贡献力量。

2004 年 5 月 17 日，第一届世界闽商大会在福州隆重举行，来自海内外的 1800 多名闽商参加了大会。2007 年 5 月 17 日，第二届世界闽商大会在福州举行，来自海内外的 1500 多名闽商莅会，发表《闽商宣言》。2010 年 5 月 17 日，第三届世界闽商大会在福州开幕，来自 50 多个国家和台港澳地区的 1500 多名闽籍工商业者出席。

从第四届世界闽商大会开始，举办时间调至当年的6月18日前后，与海峡项目成果交易会同期。

2013年6月17日，第四届世界闽商大会在福州开幕，共有45个国家和地区的1800名海内外闽商代表参会。此次大会与第三届福建民营企业产业项目洽谈会、第十一届中国·海峡项目成果交易会"三会合一"。大会由中华海外联谊会、全国工商联和中共福建省委、福建省政府共同主办，主题为"凝聚闽商力量 建设美丽福建"。福建省政府在大会上颁发"闽商建设海西突出贡献奖""海外华侨捐赠公益事业突出贡献奖"。第三届世界闽商大会以来在福建投资实体经济项目投资到款额超5亿元的238名闽商、无偿捐赠福建公益事业超1000万元的72名海外华侨，分获这两个奖项。

2016年6月18日，第五届世界闽商大会在福州举行，来自海内外65个国家和地区的1800名闽商参会。大会与第十四届海峡项目成果交易会同期举办，主题为"再上新台阶 建设新福建"，共同聚焦服务"一带一路"、参与新福建建设。大会

2016年6月18日，第五届世界闽商大会在福州举行

2019年6月18日，第六届世界闽商大会在福州海峡国际会展中心隆重举行

表彰了93名获得"福建省非公有制经济优秀建设者"称号的闽商，并举行《闽商发展史》首发式。

2019年6月18日，第六届世界闽商大会在福州海峡国际会展中心隆重举行。来自102个国家和地区的闽商精英和各界嘉宾1800余人汇聚榕城，同叙乡情，共谋发展。本届闽商大会以"凝心凝智凝力 创新创业创造"为主题，聚焦新福建建设发展面临的宝贵历史机遇、强劲发展势头，共商如何参与新一轮改革开放，为推动福建高质量发展落实赶超提供更大力量支撑。95位优秀企业家获得"福建省非公有制经济优秀建设者"荣誉称号。世界闽商大会会歌《天下闽商》《闽商蓝皮书·闽商发展报告（2019）》发布；"闽商大数据"举行了上线仪式。

2022年6月，第七届世界闽商大会在福州举行，大会以"同心向未来 建设新福建"为主题，传承"闽商精神"，汇聚海内外闽商力量，推动更多高端要素汇聚福建、更多福建产品和服务走向世界。

在民营经济迅猛发展过程中，近十年来闽商商会、协会也蓬勃发展。据不完全统计，目前福建省有各种商协会2000多家，福建省外的异地商会近千家。

例如，作为海南省首家省级异地商会，海南省福建商会直属企业总数已超过400家。2021年12月4日，海南省福建商会举办"闽商大讲堂"，特约专家讲解自贸港政策，旨在为发展中的海南闽籍企业助力。海南省福建商会实行会长轮值制，与常务理事会等相结合，多维度了解会员企业，更好服务在琼闽商。

再如，陕西省闽商商会从思想政治学习、加强会员服务、承担社会责任、壮大会员队伍、资源共享对接等方面入手做好商会工作。通过会员走访、企业调研、资源对接等，协调解决会员生产经营中遇到的困难；先后成立了闽商法律工作委员会、闽商青年联合会、闽商学生联谊会，筹备设立闽商公益服务中心、闽商妇女联合会等分会。

伴随着闽商的发展，由闽商杂志社主办的"闽商高峰论坛"自2012年开始至2021年，已成功在福州举办九届。闽商高峰论坛见证了福建民营经济近十年的发展历程，已成为全球闽商探讨年度热点话题的重要平台，为闽商鼓与呼，"贴近年度热点、分享发展智慧"成为论坛举办的主要特点。

2012年5月19日，第一届闽商高峰论坛聚焦"闽企回归与发展"，论坛同时还举行《世界闽商大辞典》第一卷首发仪式。2013年第二届论坛以"创新、发展、竞争"为主题。2014第三届论坛聚焦新一轮改革中的经济形势，而2015年的第四届论坛以"转型、机遇、风险"为主题，探讨闽商闽企如何用好机遇、规避风险。

2016年第五届闽商高峰论坛的主题是闽商如何用好"一带一路"倡议的推进以及福建省自贸区建设带来的机遇。2017年第六届闽商高峰论坛聚焦"闽商商协会'一带一路'融合发展"主题。2018年，第七届闽商高峰论坛主题为"大数据风口下，闽商'一带一路'新机遇"，论坛深度解读大数据产业，全面分析闽商产业趋势。

2020年第八届闽商高峰论坛以"新基建·智慧产业"为主题，探讨数字经济时代的闽商新机遇。2021年第九届闽商高峰论坛则延续并发展了第八届高峰论坛的主题，探讨闽商数字化转型路径，意在为福建数字经济建设助力。

未来已来。闽商将更加融入新福建发展，闽商回归与走出去的步伐将更加阔大；民营企业、民营经济发展将更加蔚为壮观。

第六章 摆脱贫困

十年来，福建始终把"滴水穿石"精神贯穿于脱贫致富奔小康全过程。作为全国率先开展有组织的开发式扶贫的省份，山海协作持续全方位、多层次展开，协作内容从资源开发向产业对接、技术攻关、商品贸易、基础设施建设等更宽领域拓展。2019年底，福建提前一年实现了45.2万建档立卡贫困人口全部脱贫、2201个建档立卡贫困村全部退出、23个省级扶贫开发工作重点县全部摘帽。全省提前完成脱贫攻坚任务，工业化城镇化、区域协调发展走在全国前列。

2021年7月1日，习近平总书记在庆祝中国共产党成立100周年大会上庄严宣告："经过全党全国各族人民持续奋斗，我们实现了第一个百年奋斗目标，在中华大地上全面建成了小康社会，历史性地解决了绝对贫困问题。"

一、造福于民：老、少、边、岛的脱贫之路

<blockquote>
所有日子都嵌入一种叫咸涩的沙
风不知从哪里消失，又从哪里吹过
抬头望向天外，哪一朵云有根
所有记忆都是橹桨轻划水面的忧伤
或者是乌篷的雨漏，或者风掀开夜色
欲望摇摆不定，目光早于思想抵达岸上

——《连家船》
</blockquote>

福安市溪尾镇溪邳村的广场上，停放着村里最后一艘连家船。这艘毫不起眼的船，承载着村民们对过往岁月沉重的回忆。年过花甲的村民刘明福，经常给前来参观的八方来客讲述连家船民的故事。他的童年就是在连家船的漂泊中度过的，当年，他家六口人就挤在这样一条船上。至今还记得船体的结构和功能："第一个舱是存淡水的，第二个舱是放捕捞上来的鱼虾的……"

"一条破船挂破网，祖孙三代共一船。捕来鱼虾换糠菜，上漏下漏度时光。"这首打油诗道尽了连家船民真实的生活。

一条小小的连家船，不仅是一个家庭的交通运输与生产工具，还是生活起居的唯一场所。连家船民主要分布在闽江中下游和闽东沿海地区，溪邳村就是这样一个连家船民聚集的纯渔业村。船民"讨水为生"，以船为家，生活漂泊不定。因其生活在社会最底层，文化低下，生活技能单一，备受社会歧视，被称为"疍民"。又因为他们常年在船上作业，或站立或盘腿，腿脚都弯曲变形，而称"曲蹄"，疍民妇女则称"曲蹄婆"。曾有俗语说"曲蹄仔上山，打死不见官"，说的就是连家船民如果上岸，被打死都不用报官的。

为了改变命运，刘明福选择了读书这条路，成为20世纪70年代溪邳村最早的几名高中毕业生之一。改革开放后，他凭借用知识武装起来的头脑，率先办起了紫菜育苗厂，成为村里第一批"万元户"，1984年上岸盖起了上下两层的石头房，成为全村最先上岸定居的连家船民。然而，对大部分连家船民来说，当年"上岸"是个遥不可及的梦。

其实，曾几何时，除了连家船民之外，对不少宁德群众来说，脱贫致富都是个沉重的话题。

宁德既是革命老区，又是少数民族聚居地。20世纪80年代中叶，这里曾是全国18个集中连片的贫困地区之一，9个县市中有6个是"国家贫困县"。一头挨着福州一头枕着温州的宁德，被戏称为东部沿海富庶之地的"黄金断裂带"。

早在闽东工作时，习近平同志就开始探索畲民下山、连家船民上岸的移民搬迁工程，把一些生存条件极其恶劣的村民搬迁到生活条件相对较好的地方重建家园。这种发展方法，后来被群众赞为"造福工程"。

1994年，福建省委、省政府决定在全省推广闽东的做法，实施大规模的"造福工程"。其中，连家船民上岸定居是重中之重。

1998年底，已是福建省委副书记的习近平在福安召开现场会，明确指出："没有连家船民的小康，就没有全省的小康。"

福建省委、省政府采取一系列有力措施，投入专项资金。短短几年，溪邳村相继建成5个安置点，新建房屋258幢，解决了300多户1400多人的上岸定居问题。到2013年，最后137户渔民也全部上岸定居。溪邳村从此告别"以船为家，终日漂泊"的生活，群众的获得感、幸福感、安全感纷至沓来。

如果说连家船民过去是"三无"——上无片瓦、下无寸土、漂泊无依，现在上岸后的他们则是"三有"——前有大海、后有高山、安居有靠。

渔民们上了岸，有了新家，心也安定了。靠着海湾，溪邳村民们纷纷开始发展养殖、海上运输、水产品加工、商贸等产业，人均收入从20世纪90年代初期的850多元，上升到2017年的18756元。

连家船民上岸的另一个典例当属福安市下白石镇下岐村。

走进下岐村，一排排楼房沿山坡而列，背山向阳、视野绝佳。眼前安居乐业的景象，让人难以想象20多年前这里的村民们还过着海上漂泊、以船为家的苦日子。

临近晌午，江五全驾驶着他的渔船回到渔港码头，作为曾经的连家船渔民，从江上搬迁上岸居住已经20多年，仍不改到江海捕鱼的习惯。谈起连家船的生活，他不禁感慨万分："我有兄弟5个，全家18口人和所养鸡鸭，原来都挤在长9米、宽2米的船上。后来实在挤不下，家里添了一条船，给大哥分家住。天气好时开船打鱼，上岸与村民交换粮食，生火煮饭、吃喝拉撒全在船上。"上岸后，他们兄弟和多数渔民一样，除了捕捞，还从事商贸、服务、建筑、养殖等多元化行业，收入大增。

据下岐村党支部书记郑月娥介绍，2000多名连家船渔民搬迁上岸20多年后，生产生活发生了翻天覆地的变化。2017年，下岐村实现了全村脱贫。最值得一说的是，截至2019年下岐村就已出了260多名大学生，这和在船上时95%村民没有接受过教育的状况真是天壤之别。村集体收入从1990年的0元变为2020年的63万元，村人均收入从1997年的972元增长到2020年的25100元。

福安市下白石镇下岐村房子整齐漂亮

"治国有常，而利民为本"。改革开放以来，福建始终坚持在发展中改善民生，千方百计谋民生之利、解民生之忧、补民生短板，既让百姓目睹发展的速度，也感受发展的温度。经过多年努力，宁德2.4万连家船民告别昔日破败的小木船，不仅全部搬迁上岸，还找到了发展新路。在当地政府的支持下，开展水产养殖、海洋捕

福安市康厝畲族乡东山村

捞、餐饮、物流、贸易销售等业务。自1994年起,"造福工程"已连续20多年被列入福建省委、省政府为民办实事项目。

福安市康厝畲族乡东山村也是"造福工程"的受益者,该村曾被列为宁德市市级地质灾害隐患村。1994年,东山村全村从荒山野岭搬迁到平原地带,开始了新的生产生活。东山村党支部书记缪廷藩说,2019年,全村农民人均收入21485元,村集体收入超过10万元。

发展产业不仅是打赢脱贫攻坚战最直接、最有效的办法,也是推进乡村振兴、实现共同富裕的根本之策。闽东人民冲破了"等靠要""穷自在"等"贫困藩篱",摆脱"思想贫困","等靠要"变成了"靠山吃山唱山歌,靠海吃海念海经",努力发展林业、种植业、捕捞业、养殖业进而发展观光、民宿及全域旅游,产业越做越大。

宁德市蕉城区霍童镇八斗村也是畲族村,这与东山村类似。八斗村还是革命老区村,与东山村不同的是,它至今仍居山上,似挂半山腰,有公路盘山而上,全村

185户754人。现如今，八斗村靠山吃山，"产业兴村"，种植果、林、竹、茶，有脐橙1200多亩、茶园1000多亩、毛竹3000多亩，全村年产值1000多万元。从"输血"扶贫，到"造血"脱贫，八斗村走过一条闽东"摆脱贫困"的典型道路。八斗村党支部书记吴李清表示，未来将发展旅游产业，带动村里的果、茶销售，进一步增加村民收入。

宁德市蕉城区霍童镇八斗村

距离八斗村13公里的坑头村，20世纪30年代曾是闽东重要革命根据地，位于另一座山坳。自1999年实现"五通"（通路、通电、通水、通邮、通视）以来，坑头村致力于茶叶种植、加工、销售等产业，现已拥有1400亩茶园、9家茶叶加工厂和成熟的销售团队，2019年茶叶年产值达1800多万元。放眼望去，但见茶园滴翠，绿水如带，有如世外桃源。村民谢郑生感慨，没种茶前，靠着砍木头和养家禽为生，收入十分有限，过年了身上连200元钱都没有，如今生活变化太大了。

霞浦县海岛乡西洋岛是一座离陆地20海里的渔业岛，曾经是对台小额贸易集散地。现在，旅游业在岛上方兴未艾。经营"赶海驿站"的蒋仁人以前从事海产加工，他看好岛上旅游业前景，转而搞起了民宿，还购置快艇，组织海钓俱乐部，2020年年收入100万元。

宁德市蕉城区霍童镇坑头村

霞浦的民宿虽然遍地开花，但一到旅游旺季，还常常一房难求，人人都为美而来。霞浦县的滩涂，其天然之美，加上海水养殖展现出的劳动创造之美，成为大小摄影镜头的最爱，被誉为"中国最美丽的滩涂"。2013年5月，中国邮政发行了一组《美丽中国》的邮票，霞浦滩涂榜上有名。

"好日子都是干出来的"，弱鸟先飞、滴水穿石的精神，在几十年里赋予了每个脱贫致富的闽东村庄以独特的面貌。今天的宁德人，会对各个村不同的发展模式如数家珍：下党村，定制茶园；赤溪村，旅游扶贫；柏洋村，产业致富；下岐村，海蛏养殖；北岐村，滩涂摄影……可谓千村百景，月映万川。

宁德市霞浦县海岛乡"赶海驿站"民宿

值得一提的是，发展产业、脱贫攻坚，人，是最关键的。2004年以来，宁德市累计选派2340名干部驻村任第一书记，1600多名干部驻村蹲点，实现贫困村全覆盖。在驻村第一书记的基础上，选认省市县三级科技特派员驻乡联村，为群众发展

140

生产提供技术服务；较好地解决了乡村缺理念、缺项目、缺技术等问题，收到了很好的效果。

在摆脱贫困的探索实践中，宁德市坚持——弱鸟先飞、滴水穿石，产业优先、特色发展，因地制宜、精准施策，扶志扶智、激发动力，大胆改革、创新机制，深化协作、协调发展，党的领导、压实责任，彻底改变了贫穷落后的面貌。党的十八大以来的十年，宁德实现全市6个省级扶贫开发重点县和453个贫困村全部摘帽，18.9万贫困人口全面脱贫，14.3万偏远人口搬出大山，全市人民"一个不少一户不落"迈进全面小康社会。

二、脱贫的中国窗口：赤溪与下党的蝶变

宁德福鼎市的赤溪村、寿宁县的下党村的摆脱贫困之路，真实反映了滴水穿石、久久为功，齐心协力、众志成城的乡村发展之路。

赤溪村位于福鼎市磻溪镇东南部，距福鼎市区65公里。1984年《人民日报》

中国扶贫第一村——赤溪

赤溪村

刊登反映赤溪村下山溪畲族自然村群众贫困状况的"读者来信",由此拉开了全国大规模、有组织扶贫攻坚的帷幕,赤溪村也因此成为"中国扶贫第一村"。

"读者来信"是王绍据采写的。1984年5月15日,时任福鼎县委办副主任兼县委报道组组长的王绍据,来到福鼎市磻溪镇赤溪村下山溪自然村采访,他目睹这里群众食不果腹、衣难蔽体、住屋破烂的艰难困境,深感到记者的责任,于是,他通宵采写《穷山村希望实行特殊政策治穷致富》的调查报告,向《人民日报》投了稿。6月24日,《人民日报》发表了王绍据的来信,并配发题为《关怀贫困地区》的评论员文章。"关怀贫困地区"一时成为热门话题。当年9月,中共中央、国务院联合发出《关于帮助贫困地区尽快改变面貌的通知》,把扶贫工作作为国家任务提出,波澜壮阔、旷日持久的中国消除贫困行动由此正式拉开序幕。

随着总投资2.5亿元的杨赤公路建成通车,只需20分钟车程就可驶进沈海高速。依托太姥山、九鲤溪的美丽风光和畲族民俗文化特色,赤溪大力发展乡村旅游,走出了一条生态旅游脱贫致富之路。赤溪村的扶贫开发工作得到了习近平总书记等中央领导的批示肯定。2016年2月19日,习近平总书记在北京通过人民网演播室与赤溪村民视频连线。村支书杜家住向总书记汇报了赤溪村的新变化："杨赤公路正式通车，村民年人均纯收入达到13600元。您倡导我们保护下来的绿水青山，真正地变成了老百姓山上的银行。全村贫困率从80年代的92%，下降到现在的1%。"

2016年伊始，慕名到"中国扶贫第一村"的游客越来越多，有时游客的小轿车排着队一直堵到村口。旅游发展起来了，对村民们的思想冲击很大，大家都主动寻求方法脱贫致富。村支书杜家住信心满满地说："在不久的将来，我们要完全消除贫困，确保少数民族群众一个也不掉队。"

杜赢是土生土长的赤溪人，从小看村里家家户户都种茶，但每年把茶青收下来后都得送到别处加工，麻烦不说，价格也卖不上去。他大学毕业后便回到家乡办起了茶叶加工厂，是赤溪第一个返乡创业的大学生，帮助村民加工茶叶，生产越来越受市场青睐的福鼎白茶。借助线上线下多种手段，努力开拓市场，营业额连年翻番。白茶的热销，热了茶农们的心，鼓了他们的腰包。赤溪的品牌也打了出去。

原先在外闯荡的年轻人越来越多地回来了，养鱼、开民宿、做农家乐，不一而足。新生代村民钟品灼则称自己的梦想更大："'中国扶贫第一村'是一个时代的符号，那只是祖辈、父辈的起点，不会是赤溪的终点。我们新一代

村民山上劳作，走出生态扶贫之路

的梦想应是，未来的赤溪成为'中国自强第一村'。"

"意莫高于爱民，行莫厚于乐民。""关怀"民生不应是仅仅停留在嘴上的一句漂亮口号，行动才是一切。历届福建省委、省政府，始终把扶贫开发摆在重要位置，30多年来，赤溪村从"流尽汗水难饱腹"到"人人向往此福地"，历经"输血"就地扶贫、"换血"搬迁扶贫、"造血"产业扶贫，走出了一条"旅游富村、农业强村、文化立村、生态美村"的发展路子。赤溪村的蜕变，是宁德矢志不渝摆脱贫困的生动缩影，也是中国农村扶贫开发30多年艰难历程的最好见证。

寿宁下党乡的古廊桥

2019年8月4日,习近平总书记给寿宁县下党乡回信,激起福建各地热烈反响。

是年62岁的刘明华,看到信后热泪盈眶。当年他是下党乡党委副书记,曾陪同习近平同志走过那条路险坡陡、荆棘丛生的山道。

习近平同志曾三次去过下党,他语重心长地叮嘱,下党的发展,主要抓"做"功,而不是"唱"功。在过去,位于大山深处的下党乡,是一个无公路、无电灯、无自来水、无办公场所、无财政收入的"五无乡",通往四个毗邻乡镇都得徒步10多公里。经过30多年接续奋斗,如今的下党乡,天堑变通途,催生了一批民宿、农家乐和各种旅游业态;依托生态和产业,发展形成定制茶园、葡萄、油茶、脐橙、高山蔬菜等"一村一品"的格局,走出一条百姓富、生态美的乡村振兴之路。下党乡党委被授予"全国脱贫攻坚楷模"荣誉称号。

当年还是名小学生的王明祖,如今特别能体会什么是"做"功。20多年来,下党乡干部群众牢记当年习近平提出的发展思路,立足乡情、脚踏实地抓发展,探索形成了党建促扶贫、定制促扶贫、品牌促扶贫、旅游促扶贫、金融促扶贫"五种扶贫模式",组建农业专业合作社。王明祖所在的茶厂,已成为下党一个重要的产业项目。2014年由福建省委组织部下派干部与村里共同策划的"下乡的味道",不仅成为下党的茶叶品牌，也成为整个寿宁县最让人回味的"味道"。

"下乡的味道"现已成为定制促扶贫、品牌促扶贫、旅游促扶贫的典型案例。2018年，"下乡的味道"带动全县1650多家农户，实现线上销售2300多万元，促进了茶叶、脐橙、锥栗等特色农业发展。2021年，"福建寿宁下党村：红色旅游新地标"入选世界旅游联盟旅游减贫案例。"可视化扶贫定制茶园"获选全国消费扶贫优秀典型案例。

下党有着优秀的自然禀赋，青山远黛，树木苍翠，廊桥飞跃，绿水环绕。2019年1月，下党村入选第七批中国历史文化名村，7月被列入首批全国乡村旅游重点村名单，12月入选第二批国家森林乡村名单；2020年9月，被农业农村部列为2020年中国美丽休闲乡村；2021年3月，入选中国生态文化协会公布的2020年全国生态文化村名单。

2021年7月6日晚，中国共产党与世界政党领导人峰会以视频连线方式举行，除了在人民大会堂设主会场外，还在上海、陕西延安、广东深圳、福建宁德和浙江

依河而建的寿宁下党乡

安吉等中国共产党百年征程上具有特殊历史意义的地点设立分会场。宁德的分会场就设在下党村。

下党所在的寿宁县曾是第一批国定贫困县，福建省32个重点老区县之一。"十二五"期间，寿宁地区生产总值年均增长13.6%，财政收入年均增长18.1%。2015年获评"福建省县域经济发展十佳县"，同年寿宁通了高速公路。"十三五"期间，寿宁地区生产总值突破百亿元大关，人均生产总值60439元，分别是2015年的1.61倍和1.57倍。不仅如此，寿宁还荣获了诸多国字号招牌，如国家重点生态功能区、国家生态文明建设示范县、全国休闲农业和乡村旅游示范县、国家电子商务进农村示范县、全国重点产茶县、中国硒锌绿谷、中国木拱廊桥文化之乡、中国老年人宜居城市等，还拥有杨梅洲峡谷国家森林公园、官台山古银硐国家地质公园等。

赤溪、下党的"蝶变"，是宁德摆脱贫困的一个生动缩影。

摆脱贫困的"宁德故事"，在我国全面消除绝对贫困的宏大叙事中，越讲越深、越传越远。宁德已成为展示中国脱贫攻坚历史性成就的重要窗口。

寿宁县城

三、脱贫攻坚，举全省之力

2010年，福建省把地区生产总值、财政收入、农民人均纯收入等综合指标靠后的20个县确定为一般发展水平县，分别是建宁县、永泰县、清流县、武平县、霞浦县、古田县、明溪县、柘荣县、浦城县、光泽县、诏安县、云霄县、顺昌县、平和县、宁化县、屏南县、周宁县、松溪县、寿宁县、政和县。2012年又新增长汀、连城、泰宁3个县，由此确定了23个省级扶贫开发工作重点县。

2012年，上述23个扶贫开发工作重点县的地区生产总值和地方公共财政收入分别占福建总量的9.1%和4.2%，在福建58个县（市）总量中分别占16.3%和11.9%；人均地区生产总值和人均地方公共财政收入约为福建平均水平的60.6%和28.1%，城镇居民人均可支配收入、农村居民人均纯收入比其他35个县（市）分别低6600元、2100元。

2013年8月16日，中共福建省委九届九次全会在福州举行，讨论并通过了《关于进一步扶持省级扶贫开发工作重点县加快发展的若干意见》，推出产业发展、合作共建园区、基础设施建设等诸多方面的政策措施42条。时任中共福建省委书记尤权在会上表示，要通过几年努力，使23个省级扶贫开发工作重点县的经济总量、财政实力、城乡居民收入、生态环境质量迈上一个新台阶，力争2020年实现全面建成小康社会目标。

2015年，福建扶贫开发进入啃硬骨头、攻坚拔寨的冲刺期，剩下的贫困人口贫困程度较深，减贫成本更高，脱贫难度更大，实现到2020年120多万农村贫困人口摆脱贫困的既定目标，时间十分紧迫、任务相当繁重。在此关键时刻，福建省出台了《关于推进精准扶贫打赢脱贫攻坚战的实施意见》，从发展产业脱贫、就业脱贫、实施造福工程搬迁脱贫、生态补偿脱贫、发展教育脱贫、农村低保兜底脱贫、医疗保险和医疗救助脱贫等方面提出了许多具体措施和实施办法。例如，在发展产业脱贫方面，意见提出要支持贫困户发展农产品加工、电子商务、"农家乐"、林下经济等农村二、三产业，做到每个贫困户都有1个以上增收脱贫项目。再如，在农村低保兜底脱贫方面，从2016年起将省定农村低保最低标准每年提高350元，将无法通过开发性扶贫措施实现脱贫的贫困人口全部纳入低保给予兜底保障，等等。

所谓"行百里者半九十",尽管经过几年的努力,福建脱贫攻坚不断取得新进展,但福建对脱贫攻坚的艰巨性始终保持十分清醒的头脑。2018年10月福建省出台《关于打赢脱贫攻坚战三年行动的实施意见》,更加详细地提出:一、全面把握打赢脱贫攻坚战三年行动的总体要求;二、着力打好贫困人口脱贫攻坚重点战役;三、大力实施脱贫攻坚专项行动;四、不断深化东西部扶贫协作;五、强化精准扶贫精准脱贫保障措施;六、加强党对脱贫攻坚工作的领导。

这份实施意见体现了省委、省政府提出的"切实增强责任感和紧迫感"的要求。福建脱贫工作的安排部署可谓"面面俱到""巨细靡遗"。脱贫的基本条件是"兜底",亦即"两不愁三保障"——确保贫困人口不愁吃、不愁穿;保障贫困家庭孩子接受九年义务教育,确保有学上、上得起学;保障贫困人口基本医疗需求,确保大病和慢性病得到有效救治和保障;保障贫困人口基本居住条件,确保住上安全住房。

在其中的"打好教育扶贫战役"部分,意见提出"以保障义务教育为核心,全面落实教育扶贫政策,稳步提升贫困地区义务教育质量。强化精准控辍保学,实施建档立卡贫困家庭学生台账化精准控辍,完善行政督促复学机制和控辍保学动态监测机制,确保贫困家庭适龄学生不因贫失学辍学"。

意见还就实施山海协作对口帮扶行动、实施贫困村提升行动、实施交通扶贫行动、实施水利扶贫行动、实施电力与信息网络扶贫行动、实施贫困地区农村人居环境整治行动、实施生态扶贫行动、实施科技和人才扶贫行动、实施综合保障性扶贫行动、实施扶贫扶志自立脱贫行动等都作了明确的要求。这些实施行动落实到具体中都是"真金白银""真刀真枪"的。比如"实施山海协作对口帮扶行动"就明确规定:经济较发达县(市、区)与重点县双方党政主要领导每年要带队互访1次以上,经济较发达县(市、区)每年落实对口帮扶资金不少于1200万元,帮扶资金于每年6月30日前拨付到位。

其实,早在2012年,福建省委、省政府就出台了《关于深化山海协作的八条意见》,确定23个扶贫重点县作为福建农村扶贫开发工作的主战场,明确每个扶贫重点县由1个沿海较发达县(市、区)结对对口帮扶、1位以上的省领导联系帮扶、5个以上的省直单位挂钩帮扶,明确帮扶责任,细化帮扶措施,着重对扶贫重点县的产业发展、基础设施和社会事业予以扶持。2018年,福建又出台了《山海协作对

宁德海上牧场

口帮扶三年行动实施方案》。

例如，2013年，泉州晋江和龙岩长汀就开始建设晋江（长汀）工业园区。作为第一批省级山海协作共建产业园区、省级农副产品加工示范园区，该园区规划总面积1.5万亩，到2017年底园区落户企业近百家，总投资近50亿元。

再如，福州市与宁德市进行山海协作。从2012年到2017年，落实协作项目200多个，带动区域经济实现产值超千亿元。福州仓山区与宁德周宁县签订《山海协作协议书》，仓山区利用其产业优势和市场网络，帮助周宁企业创新技术，打造上规模、上档次的现代设施农业，助推山区发展。厦门集美区与三明清流对口扶贫，到2020年5月，集美区已拨付对口帮扶资金2000万元；共建产业园区（政府）基础设施投资额达到2100万元，企业投资1.15亿元，实现工业总产值近10亿元，税收2210万元，新增从业人员251人。莆田市城厢区2020年对口帮扶德化县，挂点乡镇、村为德化县葛坑镇龙塔村（少数民族村），当年对口帮扶资金1200万元。

关于山海协作对口帮扶资金使用情况的公示

根据《福建省扶贫开发领导小组办公室关于印发〈山海协作对口帮扶三年行动实施方案〉的通知》(闽扶办〔2018〕49号)、《中共福建省委办公厅 福建省人民政府办公厅关于印发〈省领导挂钩帮扶省级扶贫开发重点县、水土流失治理重点县以及经济欠发达老区苏区县(市、区)方案〉的通知》(闽委办〔2019〕46号)文件精神,我区2020年挂钩帮扶县为泉州市德化县,挂点乡镇、村为德化县葛坑镇龙塔村(少数民族村)。2020年须落实对口帮扶资金不少于1200万元以上。

现将对口帮扶资金1200万元予以公示,款列"2130505"科目,用于对口帮扶德化县。公示时间:2020年6月30日至2020年7月6日。公示期间如有异议,请拨打莆田市城厢区农业农村局电话0594--2687688。

莆田市城厢区农业农村局
2020年6月30日

以上是莆田市城厢区人民政府官网上的有关帮扶资金的公示。它明白无误揭示了落在实处、明处的脱贫帮扶举措。

在福建,还有一种"反哺"的政策,也是实实在在的帮扶行动,即:沿海发达地区对闽西北欠发达地区的"生态补偿"。具体做法则是健全生态补偿机制。按照主体功能区规划要求,逐步加大生态保护财政转移支付力度,进一步完善资金分配办法,更加重视研究森林覆盖率、交界断面水环境功能达标率、主要污染物减排完成情况等生态考核指标和办法,提高奖补额度,并对省级扶贫开发工作重点县予以倾斜支持。

作为全国率先开展有组织的开发式扶贫的省份,福建始终把脱贫攻坚作为一项重要政治任务和第一民生工程,全面实施精准扶贫、精准脱贫基本方略,多管齐下,协调统筹,集中力量攻克贫困的难中之难、坚中之坚。概括起来就是高位推进,统筹规划;压实责任,传导压力;粮草先行,财政保障;精锐出战,人才下沉;产业扶持,激活动力;易地搬迁,拔了"贫根";就业帮扶,促进增收。有媒体梳理了"十三五"期间福建的部分做法:

——2016年开始,省级每年按上年度地方一般公共预算收入的2‰筹集财政扶贫资金,专项用于精准扶贫精准脱贫。

——全省先后组织11.17万名党员干部挂钩帮扶贫困户;省市县三级累计选派

五批近2万名驻村第一书记，实现建档立卡贫困村全覆盖；省市县三级科技特派员科技服务在建制村全覆盖。

——累计安排产业扶持资金29.3亿元，支持实施产业扶贫项目60多万个；建立总规模为8.2亿元的扶贫小额信贷风险补偿基金，累计发放扶贫小额贷款44.15亿元。

——实施造福工程易地扶贫搬迁29.23万人，从根本上解决"一方水土养不活一方人"问题。

....

2019年底，福建省现行标准下45.2万农村建档立卡贫困人口全部脱贫，2201个建档立卡贫困村全部退出，23个省级扶贫开发工作重点县全部摘帽，提前交出一张高质量脱贫的福建答卷。

脱贫摘帽不是终点，而是新生活、新奋斗的起点。福建正持续接力，推进巩固拓展脱贫攻坚成果同乡村振兴有效衔接，努力绘就乡村振兴壮美画卷，用实干担当书写新的篇章。

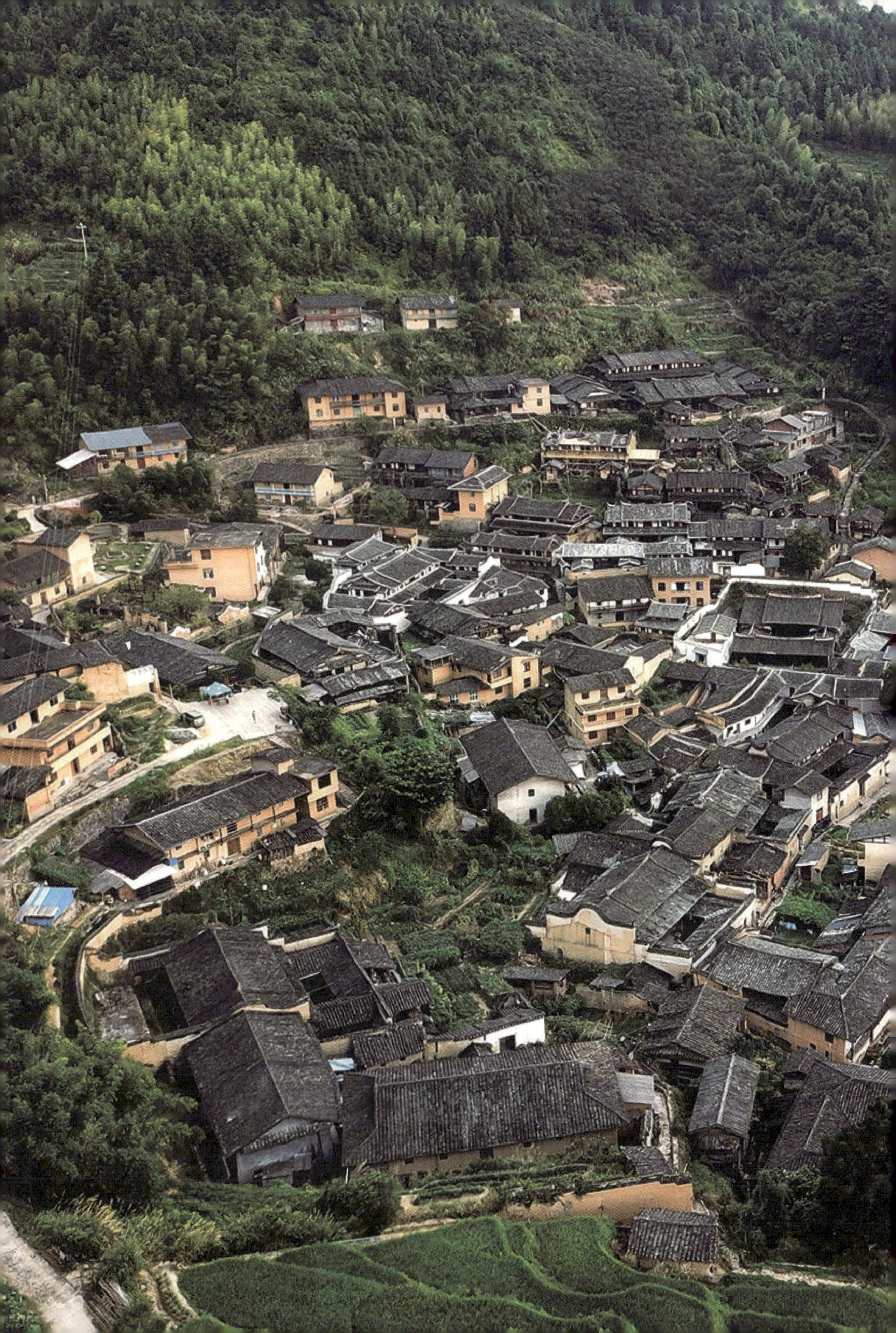

第七章
乡村振兴

十年来,福建基础设施日臻完善,在全国率先实现市通高铁、县通高速、镇通干线、村通客车。乡、村两级全部制定"一乡一计划、一村一方案",全面完成14467个建制村村庄分类,逐渐形成了高位推动的领导体制、统筹推进的工作机制以及系统配套的规划体系,并开展了试点示范的创新实践。"十三五"时期建成优质农产品标准化生产示范基地8600多个,茶叶、食用菌、水果等十大乡村特色产业全产业链总产值超2万亿元。乡村产业发展取得新成效,乡村人才队伍得到新加强,乡村生态建设迈出新步伐,乡风文明展现新风貌,乡村治理能力得到新提升。农民生产生活条件明显改善,农村面貌焕然一新;农村居民人均可支配收入持续较快增长,广大农民获得感、幸福感、安全感显著增强。

一、日新月异的交通

2015年12月26日上午9时38分,时任福建省委书记尤权来到福建省高速公路指挥部,在通过视频检查6个高速公路项目(邵光、延顺、莆田莆炎、福州绕城东南段、宁连福州段和宁德段)的现场通车情况后,宣布:按计划通车!福建省实现县县通高速!

"十二五"收官之际,福建高速公路实现"县县通、通车5000公里"的目标,无疑是个令人振奋的好消息,是福建交通发展史上的一个重要里程碑。

遥想1929年,毛泽东率红四军入闽,在"红旗跃过汀江,直下龙岩上杭"后"直指武夷山下"时,转战中对"路隘林深苔滑"的城乡道路之难行也深有感触。中华人民共和国成立初期,福建交通闭塞,"手无斤钢,路无寸轨"。中共中央在北京召开七届三中全会时,福建省委书记张鼎丞竟没能赴会,原因是洪水冲坏桥梁,断了福州北上的唯一通道。解决福建出省通道问题迫在眉睫,几经周折,才有了福建第一条出省铁路通道——鹰厦铁路。

穿越闽山赣水的鹰厦铁路,寄托着福建突破重山阻隔的最初梦想。梦想变成现实,再在现实中延伸,鹰厦线并不能从根本上解决问题。20世纪60年代初,绿皮车从厦门到鹰潭的运行时间是26小时40分钟;从厦门经鹰厦线和外福线到福州,居然要21个小时。外地人在福建坐火车,来回都是在群山中一波一波穿越,最大的乐趣也是最无聊之举,就是数一共经过了多少座桥梁多少个山洞(隧道)。连绵的群山把福建"困"在东南沿海。

八山一水一分田的福建,山脉绵亘,沟谷纵横,民间向有"闽道更比蜀道难"的说法。"进出难、联络难、发展难"的问题始终困扰着福建。地理和历史的原因,让福建成为中国交通的末梢,全省城乡都与贫穷、落后挂钩。

交通成了福建发展最大的瓶颈。从劈山开路建成鹰厦铁路,到1997年第二条出省通道横南铁路通车,福建花了整整40年时间。之后的20年间,又建成梅坎铁路、赣龙铁路、温福铁路三条出省通道。

谈起交通，闽东人曾有无限感慨："闽东老少边，公路绕山边。铁路沾点边，坐车一路颠。"2009年9月28日，温福铁路开通运营，福建从此迈入动车时代。

一年后，厦深铁路开通；2013年，向莆铁路开通；2015年，福建拥有了第一条高铁——合福高铁；2017年底，时速350公里的"复兴号"奔驰而来。

2018年1月19日18点09分，闽西铁路史上最大的一次施工开始了。23个部门、1500多人、34台大型设备、上百台小型设备，一夜之间完成了龙岩火车站新老站房之间的线路转场施工。3副道岔被拆除并重新铺设。凌晨5点48分，施工和拉通试验完成，一切恢复平静。5分钟后，第一列满载旅客的列车准点进站。这八个小时内，似乎什么都没发生，却已完美演绎中国速度。千人大搬迁的场面被传上网络后，受到全世界的"围观"，国外媒体称其为"令人难以置信的工作效率"。赣龙铁路、赣瑞龙铁路、漳龙铁路成功由龙岩站老站场接入新建站场，并与新建南三龙铁路实现交会，为2018年底南三龙铁路全线通车奠定基础。龙岩火车站历史上曾有的"四等小站"记忆，与"中国速度"的风采、时空变化的风景，就这样在闽西老区奇妙交汇。

21世纪初，火车、动车、高铁之于福建广大乡村还属于奢望，响彻大山深处的是对公路、高速公路的呼唤。

多少年来，全省公路设施严重滞后，从福州到厦门只有324国道，路上要经过十多个小时的颠簸，一趟下来，灰头土脸。1981年，福建省委就有了建设高速公路的设想。1997年12月15日，福建第一条高速公路——全长近82公里的泉厦高速公路正式投入运营。从最早动议到姗姗来迟，其中的缘故虽让人感叹，但群山的阻隔一旦被突破，诗和远方便不再遥远。

宁德市古田县吉巷乡坂中村从此也有了"月亮湾的笑声"。位于翠屏湖畔的坂中村，2006年之前未通公路，村民盖房子的一砖一石，都是靠水运，真正的"与世隔绝"。上世纪80年代，随着菌菇栽培技术普及，坂中村村民们纷纷栽培银耳，晶莹剔透、鲜嫩弹软的银耳采摘之后，如果常温运输，需在48小时内送到客户手上，才能保证品质。于是，菇农常常是凌晨三点起床，把银耳挑到船头，到四五点时开到高头岭码头，然后装上三轮车运到县城，如此一通折腾，七点后才能开始销售。这样的速度，直接阻碍了村民们的致富之路。2006年，省道202线开通，经过坂中村，村里的货物进出开始提速。但这条只有两车道的省道，并不能满足坂中村的需求,直到高速公路打从门前经过,乡村振兴才不是梦想。

紧随高速公路到坂中村的是电商销售。每天下午五点,一批批鲜银耳发货,不消一天,便能到800公里外的上海等地的客户手上。

2015年,继高速公路后,合福高铁开通并经停古田,古田到福州只要半个小时,到当年遥不可及的首都北京也只要8个多小时。坂中人终于可以大干一场了,村里的银耳产量比30年前增加了10倍。现在的坂中村,被列入美丽乡村建设计划,成为古田环翠屏湖景区的一部分。每到周末,不少城里人来到这里,亲近自然,享受山水之乐。

京台高速福州段

城与城之间的动脉打通了,县与县之间的联系顺畅了,村与村的道路也四通八达了。这一条条蜿蜒的山路,就像人体的毛细血管,给一个个与世隔绝的山村带来了外面世界的精彩。

家住屏南县甘棠乡漈下村的高金美老人,在党的十九大后不久做了件80多年来从没想过的大事——学会写自己的名字。每天早上八点多,老人吃过早饭,牵上孙女,沿着小溪,穿过廊桥,准时出现在村里的公益画室,摆开画架,一天的创作开始了……

老人学画,还是一年前的事。有个被称为林老师的人来这里教村民们画画。高金美老人想自己闲着也是闲着,不过是换个地方看孙女,便也跟着涂鸦。意想不到的事发生了,北京的人居然看中了她的画,还要出钱买。一传十,十传百,在自媒体时代,这位奶奶级的农妇一不小心成了"网红",一年光画就卖了上万元。

不管有没有人来买画,也不管人们怎么评论,画画已经成了不少漈下村村民的爱好,他们在此前没有接触过的艺术世界里找到满足和乐趣。

几年前,被称为林老师的林正碌来到屏南后,一边给村民开展公益油画教学,一边寻找传统村落的修复保护之道。他不停地奔走在弯弯曲曲的山路上,沿着清澈的小溪,决意通过修缮,为外界展现一幅世外桃源的景象,既唤起本地人对家乡的留恋和乡愁,也带动外地人喜欢上这方仙境。于是,大到屋子的结构布局,小到一砖一瓦一木一石的布置摆放,他都要亲自把握,不放松对每个细节的要求。就如龙潭村,短短一年时间,原本破败的小村落热闹了起来,一栋栋老旧不堪的房子摇身变为书吧、餐馆,或成为画室、工作室。每一扇窗户推开都是一幅风景画。这样的修复,修复的不仅仅是房屋,还有村里遗失多年的人气和生活。

来自江西省吉安市的曾伟,是第一批来龙潭村的"新村民"。他开的书吧已经变成村里的会客厅,每个经过的人都会拐进来喝杯茶,聊会儿天。村民的纯朴和热情,让曾伟这个外来户迅速融入了这里的生活,他不时跟着老人走盘山路去学种菜,还学起了酿酒。

一到晚上,音乐厅总是村里最热闹的所在,新老村民大都爱聚在这里,不论大人还是孩子,伴随着音乐的律动休闲,给一天的劳作美美地画上个句号。当地村民以前总觉得农村没什么好,人都往城市走;现在看到城里人返璞归真,也很开心,村民们又回来了,最大的希望就是客人们能在这个地方跟他们长久地生活。

在龙潭村安家的不仅有来自各地的城里人,还有金发碧眼的老外。他们当中有作家、雕塑家、钢琴家,还有就是想来学画画的。这些新村民的到来,让原本只剩下老人孩子的村庄焕发了生机。当年人们多想逃离,如今就多想留下。前些年四分之三的村民选择出外谋生,现在不少村民又回来了,每天光修房子的活儿就排得满

龙潭村

满的。如今,残墙边长出了木屋,枯枝上也开出了新花。这里有米酒也有咖啡,有传唱数百年的国家级非遗项目——四平戏,也有现代音乐会。来自大山之外的人们与当地居民实现了不可思议的融合。

这样的聚落,星罗棋布在八闽城乡。在福建致力打造的品质城乡,人们进得来,留得住,融得入。

除了福建优越的生态环境,还因为福建交通在一日千里中彻底改变了中国末梢现象:2017 年,福建的高速公路密度居全国第二位,达到发达国家水平;2020 年,福建的铁路网业已形成"三纵六横"主框架,进出省道增至 10 条以上,铁路运营总里程达 6828 公里,其中高速铁路 2302 公里。福建还蜕变成为全国机场比较密集的省份,形成了福州、厦门两个枢纽机场和武夷山机场、泉州晋江机场、连城机场三个支线机场,密切了与世界各地的交流合作。港口建设也是突飞猛进,辐射周边省区的港口群和集疏运体系日益完善。其中,福州、厦门两港双双跻身全国吞吐量超千万吨和集装箱吞吐量前 10 名的大港行列。

德国哲学家海德格尔说过:"人,诗意地栖居。"生态环境是一个地域的生存基石,推而广之,则标志着一个国家的生存状态,它是社会进步、文明程度的一把标尺,丈量着一个地区的远方。美丽福建,美丽乡村,也从一个侧面表明,没有基础

设施，就变不来诗意的栖居。

　　而乡村的振兴，就这样搭上了时代的列车，川流不息、功在不舍地为决胜全面小康、决战脱贫攻坚作了有力的铺垫，气势磅礴。

新塘村

二、"乡村振兴"20字方针

  产业兴旺、生态宜居、乡风文明、治理有效、生活富裕是乡村振兴的总要求。
  新塘村是闽侯县大湖乡的一个偏僻山村，下辖厚塘、西宅两个自然村，全村

161

480户，约2200人，这里平均海拔770米，群山环抱，竹木茂密，生态优美。2022年5月，中新社福建分社在闽侯县开展"乡村振兴"专题采访，第一站即到新塘村。新塘村总面积10.83平方公里，其中林地面积7.064平方公里，一条厚塘溪从村中蜿蜒而过，千百年来孕育了溪两岸约2300亩的肥沃农田，由于海拔高，低温清凉，又远离城市，没有工业废气、废水的污染，为高山蔬菜生长提供了优质的生态条件。

1995年，新塘村被定为高山天然反季节蔬菜基地，纳入福州市菜篮子工程。厚塘溪岸农田全部作为蔬菜基地，全年耕作三到四茬，目前蔬菜年产量约21600吨，年产值约2608万元。年轻的新塘村支部书记陈仲兴告诉到访的记者，该村于2021年先后获评省、市、县三级"一村一品"蔬菜专业村。站在田头，举目四望，但见村民们正在采收蔬菜，旷野辽阔，清风徐来，不远处一座座整齐壮观的别墅式新居映入眼帘。陈仲兴说，新塘村响应国家重点项目建设，在统一规划、统一设计的基础上进行了整村搬迁，绝大多数村民在短短一年内建成了别墅式新居并顺利入住，村民的建房资金大部分来源于蔬菜产业收入。

实现乡村"产业兴旺"，是乡村振兴的核心，新塘村坚持"蔬菜富民"的道路，通过勤恳劳作，把天然高山蔬菜产业做大做强，靠蔬菜点燃村民心中的梦想，靠蔬菜产业摆脱贫困，迈向小康。同时新塘村利用得天独厚的自然条件和地形地势，按照"绿水青山就是金山银山"的发展理念建设村庄，让村庄"望得见山、看得见水、记得住乡愁"，全面展现农村风貌和乡土风情的同时，推动乡村振兴提质增速，实现乡村"生态宜居"。

2019年新塘村进行全村整体统规自建新家园的时候，吸引来了大约400名省外来闽务工的建筑工匠帮助新塘村村民新居建设，据不完全统计，当年新塘村民自建房耗资超过一个亿。巨大的施工队伍返乡时没有发生一例欠薪讨薪事件。一部分村民为了让外地工匠安心回家过年，优先结清了他们的薪资。这是新塘村民的普遍认识，也是大家共同遵守的道德原则，无不体现了新塘村"乡风文明"。

基层治理折射到山区农村治理，并不单纯。新塘村水头别墅小区是统规自建项目，在统一规划、设计的基础上，村民自行建设。陈仲兴说，以往村民建房前都习惯请一个有名望的风水师带罗盘测吉向，为了防止村民建设过程随意变动房子朝向和变动许可建设面积，进而影响到整体规划布局，新塘村干部三百六十五天风雨无阻守在建设工地里，严格规范村民按规划、设计图纸进行建设。如今外墙落架后形成一个具有集聚效应、整齐划一、气势磅礴的别墅小区，村民们颇引以为傲。这是新塘村乡村"治理有效"的呈现。

产业兴、生态美，还要百姓富。据透露，大湖乡唯一的一家银行——闽侯农村信用联合社大湖信用社的存款有三分之一是由新塘村村民持有。陈仲兴由此感慨：实现乡村"生活富裕"，以村民为中心，美丽乡村的建设最终目的是让村民过上稳定美好的日子。

2022年5月18日，中新社福建分社微信公众号"中新福建"发表了图文并茂的专题文章《藏不住了！闽侯这处村落生活太令人艳羡了》，新塘村的新农村建设受到外界关注。6月17日，《福州晚报》以整版篇幅报道了新塘村——《闽侯有个"别墅村"，太美了！》。住上小别墅，在家门口就能就业，这是不少人心目中乡村振兴的理想、幸福的生活状态。闽侯县大湖乡新塘村村民们，把这梦想般的生活变成了现实。

近年来，各地以产业振兴为突破口，加快转变农业发展方式，全力推动乡村产业高质量发展，实现农业增效、农民增收，在乡村振兴的画卷上写下浓墨重彩的一笔。

与新塘村类似但又有所不同的是，同处闽侯边远山村的延平乡塘里村借助生态资源优势，逐渐走出一条以休闲旅游产业带动村民共同富裕的特色路径。

廷坪乡地处闽侯县西北部，离县城81公里，距离福州市区110公里，气候宜人，山间多雾，年平均气温17℃，年降雨量1800毫米，无霜期250天。全乡群山环抱，森林覆盖率66.48%，水利资源充沛，主要特产有水蜜桃、猕猴桃、绣球花、食用菌、柿丸及药材枳壳等。就是这么一个好山好水的地方，此前却留不住人，该乡有户籍人口3.39万人，但常住人口仅5321人。

塘里村位于廷坪乡南部腹地，文山岗溪自南向北穿村而过，夏季日照充足、溪水温和，溪道中大小鹅卵石密布，竹林树影环绕左右，宛若一片世外桃源；保存良好的古民居依山而建、临水而设，堆叠出一幅错落有致的美丽图画，极具研究和观赏价值，是写生、作画、摄影的绝佳场所。古朴精致的塘里廊桥如长虹卧波，横跨在溪流两岸，动静交融、相映成趣，依山傍溪的红旗渠，形成了一处"渠在天上走，溪在地下流"的独特人文景观，独特的畲族文化，更是为塘里村增添了民族风情。然而，此前的塘里村，老人空巢、产业空乏，年轻一代外流，俨然一个"空心村"

塘里村

的模样。这让回乡当支部书记的郑能存感到痛心。他认为，要振兴农村，关键在于农村人口的复兴，只有人员的流动，才能带动乡村的发展。

乡村要振兴，产业离不了。2019年，郑能存牵头成立福建省溪塘里美生态农业发展有限公司，主要生产有机蔬菜，结合土鸡、土鸭、黄牛、本地山羊等肉类的农牧产品，打造"溪塘里美"产业园，形成生态观光旅游品牌，为市民提供下乡感受田园采摘的趣味。就这样，塘里村渐渐有了些人气。廷坪乡党委书记陈铭坦言，没有产业支撑，仅靠自然景观，这种乡村振兴的路走不长远。

2021年，廷坪乡依托文山岗溪汶塘段水系风光，建设"廷坪乡汶合至塘里乡村振兴示范带"，采用"保护优先、自然修复"为主的方式，打造"河畅、水清、岸绿、安全、生态"的安全生态水系，发展生态旅游。同年11月，福州塘里旅游发展有限公司签约落地，围绕塘里村资源优势，聚焦现代农业、森林康养、民俗文化等领域多方向发力，谋划发展农文旅产业项目，致力打造集多功能于一体的复合型度假区。当前已完成亲水平台、沿溪休闲步道、红旗渠瀑布、团建活动场地等配套项目的建设，乡村振兴示范带已基本成型。2022年1月3日，塘里村成功举办"溪塘里美"古村民宿活动暨"溪塘里美"农产品推介活动，邀请旅游、摄影、媒体等各界人士，共赏塘里村乡村振兴建设成果，吸引各行业有识之士投资创业，多方携手，共谋发展。

据了解，下一步塘里村将立足现有资源和产业基础，继续发挥党建引领作用，鼓励塘里村党支部领办闽侯县森林人家农民专业合作社，动员村民入股，以"生态农业公司+合作社+农户"的模式，发展优质高山无公害果蔬种植、牛羊养殖等，推动农业提质增效、农民增收。同时持续完善基础配套设施，进一步健全登山步道、露营平台、休憩平台等基础设施，打造房车基地，增强旅游功能，将老旧房屋改造为特色民宿，唤醒农村沉睡资源。加强普惠性、基础性、兜底性民生建设，筹建"长者食堂"，解决村内留守老人三餐问题，打通农村养老"最后一公里"。

在文山岗溪的上游，另有一处生态景观秀美之地，那就是汶合村，它下辖汶洋、玉际、良地等六个自然村。汶合村是福州市乡村振兴示范村，将"进良地体验绣山花谷，走山村观赏田园风光"作为规划定位。为了打造这个示范村，各级财政已投入700多万元，修建沿溪栈道、登山步道等。不过，引起笔者注意的倒不是汶合村的峡谷溪流、高山云海，绣山花谷，坦率地说，这样的景观福建很多地方都有。吸引人们目光的是良地自然村前立的一块《良地文明公约倡议书》的牌子。倡议书从村里文物古迹的保护、生态环境的维护、老弱病幼的呵护、优秀家风的传承等方面向村民亮出了"乡规民约"。

乡风文明建立在乡规民约、公序良俗之上，乡规民约是集体村民最大的公约数，任何人违背它都会被谴责和唾弃，从乡规民约可以看出良地乡贤的浓厚乡情以及他们对家乡故土的热爱与期盼。

乡村振兴，治理有效是基础，秩序稳定是保障。当前，我国乡村治理中已经出现了很多诸如理事会、议事会、新家训家风、新乡贤等创新模式、事物，为乡规民约秩序生成功能的时代转化进行了有益的探索与实践。

与新塘、塘里有所不同的是，官畲村是闽南地区三个完整保留畲族语言的村庄之一。在20多年前，官畲村民以种植水稻、紫薯为主，人均年收入只有几百元，村民们购买生活用品甚至要赊账。官畲村原支部书记蓝金福说："以前我们这个村就是'赊村'，赊东西那个赊；都是住茅草屋，没有一座像样的房子。外地的都叫我

官畲村

们穷寨。"

官畲村海拔在 500 米左右，特有的红壤与高山云雾，十分适宜种植茶叶。官畲村从种茶开始，慢慢形成了一个村庄的茶叶产业。到 2008 年，村里人家几乎都盖起新房。

同时，官畲村在脱贫攻坚、乡村振兴路上因地制宜选择发展畲族特色风情旅游，2016 年，官畲村开始对整村进行保护性开发，以"七彩官畲"为主题。

2018 年官畲村与漳州旅投集团合作共同打造以"生态＋文化"为发展模式的官畲景区。为此，漳州旅投成立了漳州市百畲旅游发展有限公司。

双方签订了 40 年的合作协议，每年都将会给官畲村集体分红，包括 30 万元固定收益以及景区门票收入的 10%。如此一来，企业、村集体以及村民能够达成三方共赢。2021 年，官畲村民共分到 38 万元分红款。

现在，官畲村村民有 90% 从事与旅游相关的工作，许多村民还在公司获得就业岗位，百畲旅游公司有员工 120 多人，其中一半以上都是当地少数民族村民，极大缓解了当地就业压力。

官畲村依山而建的七彩瓢虫屋

　　官畲村家家户户的外墙都涂上了畲族风情彩绘，沿着干净整洁的村道信步走到凤凰台——为游客表演当地山歌和民俗舞蹈的大型舞台，站在山沿放眼望去，山下溪水环绕，银练如带，四周崇山峻岭，连绵起伏；梦幻般的"瓢虫屋"，更让人恍如进入童话世界。

　　官畲村是乡村振兴的一个缩影。在福建，116个少数民族建档立卡贫困村如今已经全部脱贫摘帽，它们都以不同的发展方式，奋进在乡村振兴的大道上。

三、"156"乡村建设工作机制

　　2022年6月19日至20日，全国乡村建设会议在三明举办。以一种理念、五项机制、六种模式为主要内容的"156"乡村建设机制受到与会者的关注。

　　"156"乡村建设工作机制，简单地说，就是坚持一个理念——原生态、低成本、有特色；实施五项机制——"一把手"推进机制、规划先导机制、农房建设管控机

167

制、共建共享机制、党建引领机制；创建六种建设模式——文化传承型美丽乡村、产业融合型美丽乡村、休闲旅游型美丽乡村、生态保护型美丽乡村、整村迁建型美丽乡村。

三明山清水秀，大自然赐予它千山万壑、林海苍苍，它是福建的绿色腹地，始终保持着生态环境的天然禀赋。迟滞的后工业时代的步伐使三明的乡村得以喘息，摆脱贫困后的乡村振兴计划，让它获得施展的空间。

以将乐县为例。近三年，将乐县一共投资了1.1亿元，对全县76个重点村进行了整治提升，辐射全县85%农村人口。将乐的做法是坚持先规划后建设，委托上海同济大学编制了金溪河流域沿线乡村振兴战略规划。同时，因村施策、因户制宜、就地取材、变废为宝，保持了乡村风貌和乡愁文化。此外，在乡村建设过程中，将乐还注重建章立制，制定了以奖代补机制，该县投入的1.1亿元中有5200万元都作为奖补资金，这个举措极大提升了乡镇和村庄推进农村人居环境整治的速度和效益。

乡村建设的各种机制、模式，最终的落脚点都在提升人们的获得感、幸福感。三明市坚持因地制宜、分类施策，不搞齐步走、一刀切，突出地域特色和乡村特点，保留具有本土特色和乡土气息的乡村风貌，在对全市1736个村庄分类规划的基础上，培育创建六种美丽乡村建设模式——

文化传承型美丽乡村：针对历史文化特色明显的村落，用好传统建筑风貌和民风民俗资源，坚持挖掘、保护、传承并重，适度引入社会力量参与，加强农村思想道德建设，培育新时代文明乡风、良好家风、淳朴民风，精心打造乡村"软实力"，培育文化品牌，着力推动文旅融合发展。在全市297个村推行文化传承型美丽乡村模式，其中：大田县桃源镇东坂村、宁化县曹坊镇下曹村等8个村获评中国历史文化名村，永安市槐南镇洋头村、尤溪县台溪乡书京村等12个村获评省级历史文化名村。

产业融合型美丽乡村：针对产业基础较好的村落，发挥乡村资源禀赋和产业基础优势，按照宜粮则粮、宜农则农、宜工则工的思路，引导发展"一村一品、一乡一业"，持续做大做强主导产业，带动农民群众在家门口就业，实现群众稳定增收。在全市594个村推行该模式，其中：沙县区夏茂镇（沙县小吃）、大田县桃源镇（蔬菜）获批全国"一村一品"示范村镇，夏茂镇获评全国乡村特色产业超十亿元镇，尤溪县洋中镇后楼村入列超亿元村。

沙县夏茂镇的俞邦村，被誉为"沙县小吃第一村"

休闲旅游型美丽乡村：针对旅游资源丰富、交通区位优越的村落，做好休闲旅游文章，全力经营好美丽乡村，全力发展周末游、短途游、亲子游等新型业态，逐步形成了一批乡村旅游打卡点。在全市177个村推行该模式，其中：泰宁县上青乡崇际村、尤溪县洋中镇桂峰村等5个村入选中国美丽休闲乡村，泰宁县杉城镇际溪村等6个村获评国家乡村旅游重点村。

生态保护型美丽乡村：针对生态环境优美的村落，践行"绿水青山就是金山银山"理念，健全完善生态产品价值转换机制，因地施策开发利用，大力发展林业碳汇、森林康养、度假旅游等美丽经济，有效增加农民财产性、经营性收入，推动农民群众吃上"生态饭"。在全市482个村推行该模式，其中：将乐县高唐镇常口村发行全国首张林业"碳票"，永安青水畲族乡龙头村、将乐县白莲镇小王村获评福建省第一批"高级版"绿盈乡村。

整村迁建型美丽乡村：针对地处偏远、生态环境脆弱、不宜生产生活、空心化严重的村落，围绕乡村可持续发展目标，在尊重农民意愿的基础上，稳妥有序推进易地搬迁，依托小城镇、产业园区、旅游景区等适宜区域进行安置，村落原址因地制宜还耕还林。在全市53个村推行该模式，其中，大田县华兴镇仙锋村、明溪县沙溪乡沙溪村等一批整村迁建型美丽乡村已迁建完成。

保护开发型美丽乡村：针对地处城市附近的城中村、城郊村，聚焦城市"绿地"属性，坚持保护与开发并重的原则，在充分尊重群众主体意愿基础上，统筹好整治与拆迁、安置与配套、开发与保护、发展与维稳等关系，谋划好修旧如旧与拆旧建新方案，合理优化完善配套设施，全力加快城中村改造步伐。在全市133个村推行该模式，其中，沙县区凤岗街道东山村、庙门村等一批城中村、城郊村完成改造，获评2021年全省城乡建设品质提升考核"优秀"档次。

尤溪县的桂峰村可谓美丽乡村建设的典例之一。桂峰，曾名桂岭，又叫岭头、蔡岭，位于尤溪县洋中镇的东北向，四周群山环抱，云雾萦绕。桂峰村历史悠久，有文字记载的历史可追溯到唐乾宁年间。宋朝淳祐年间，宋朝四大书法家之一、北宋名臣蔡襄的第九世孙蔡长，为了逃避祸乱，辗转来到桂峰，见此地山川俊秀，就在桂峰筑居避世、耕读传家，定村名为"岭头"。桂峰现存古建筑39座，有蔡氏祖

三明市建宁县的坪上梯田莲海被确认为"世界最大的梯田莲海"

群山环抱的桂峰村

庙、蔡氏宗祠、石狮厝、楼坪厅等典型古建筑。整个村落依山就势分布在三面山坡上，层层叠叠，错落有致，正面临谷，一条溪水贯穿全村，村口处建"石印三桥"，以扼水口，形成了典型的藏风聚气、负阴抱阳的格局；古建筑规模之大，保留之完整，在全省尚属少见。2007年，桂峰村被评为中国历史文化名村。它也是三明市首个中国历史文化名村；2014年列入第一批中国传统村落；2019年列入第一批全国乡村旅游重点村。

尤溪县十分重视桂峰村的保护性开发，修古厝、保文物、植桂树、创品牌等工作循序渐进，初见成效。十多年来，各级政府累计投入保护修缮资金2000万元，在保持村庄布局形态及建筑风貌的前提下，对桂峰村古民居进行保护修缮，古街古厝重新焕发出生机。

不仅如此，古建保护与修复还带动了当地旅游业的发展，民宿建起来了，餐饮业发展了，土特产卖出去了，乡间传统的土法制豆腐、麦芽糖成为各地游客青睐的名品，而蔡家土酿米酒则醉倒风尘仆仆而来的几多文人墨客。

2019年，桂峰村全年接待游客达到创纪录的15万人次，经济收入1255万元。

桂峰村仅仅是福建历史文化名村镇中的一个，每一座古村镇都是独特的，有的因商贸发达而繁盛一时，如连城培田；有的抗击过外来侵略，经历重大战役，如惠安崇武；有的由于独特人文地理环境孕育出别样的民情风俗，如宁德霍童、漳州埭

171

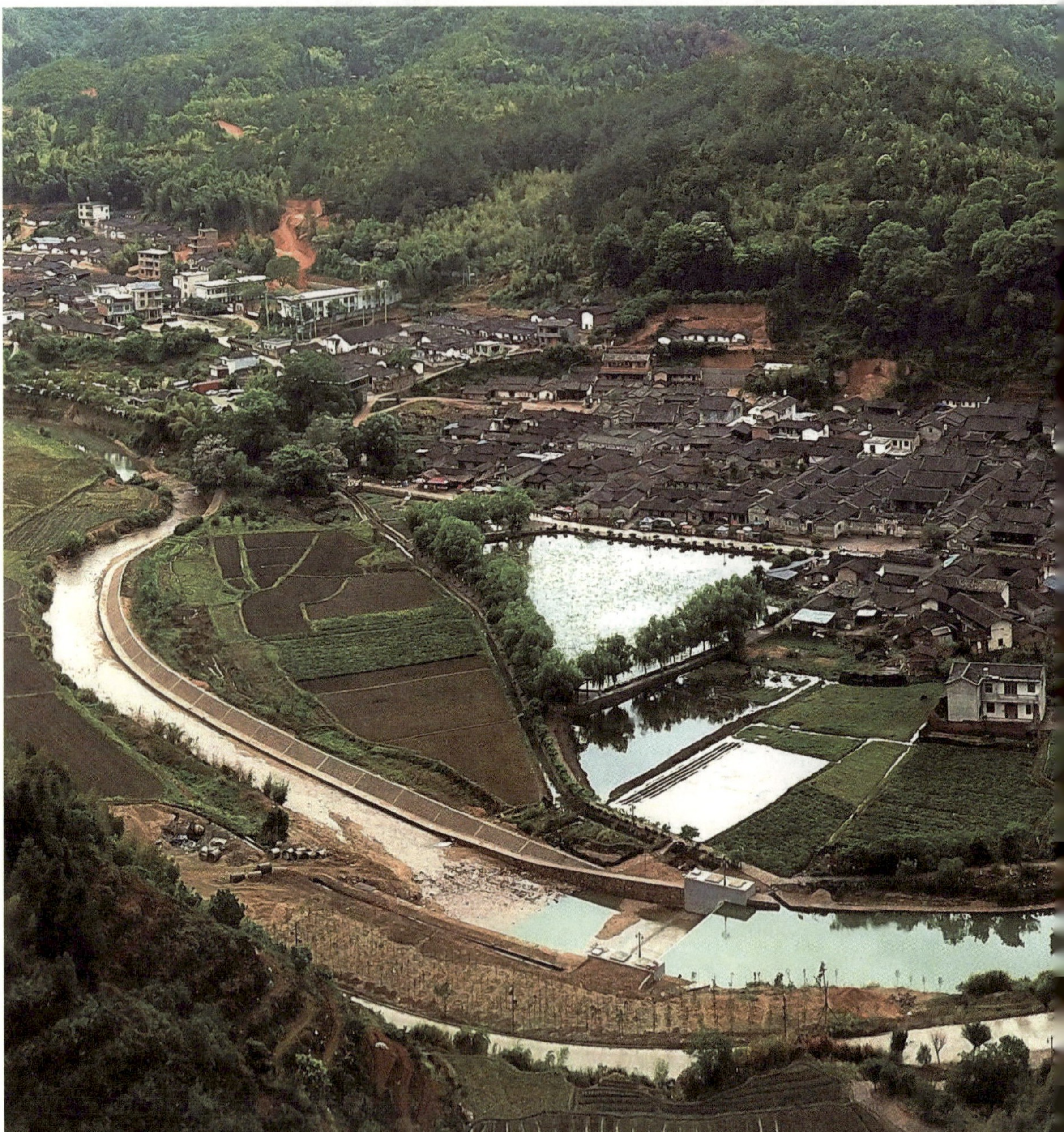

连城培田古民居

龙海市东园镇九龙江南溪下游的埭美村

美；有的以富有地方特色的美食而闻名天下，如邵武和平；有的则以红色记忆而载入史册，如上杭古田。

　　美丽乡村，就像桂峰村一样，留白、留绿、留旧、留文、留魂，处处彰显古村灵动的文化气息，让人们望得见山，看得见水，记得住乡愁。某种意义上，这就是福建乡村的"最美会客厅"。

深入实施乡村振兴战略是一项伟大的历史工程，也是德政工程。

2021年3月，福建省委、省政府出台《关于全面推进乡村振兴加快农业农村现代化的实施意见》，勾勒出"十四五"期间乡村全面振兴蓝图。2021年10月，福建省委、省政府印发《关于实现巩固拓展脱贫攻坚成果同乡村振兴有效衔接的实施意见》，从建立健全巩固拓展脱贫攻坚成果长效机制、完善农村低收入人口常态化帮扶机制等方面，划定时间表，规划路线图，明确任务书。

福建省第十一次党代会提出，在"十四五"期间，福建要走具有特色的乡村振兴之路。由于福建农业资源多样性、差异性特征明显，要因地制宜建设特色现代农业，夯实粮食安全基础，发展绿色高效生态农业和乡村文旅产业，推出更多"福"字号产品，推进农村一二三产业融合，形成更多特色产业百亿强县、十亿强镇、亿元强村。实施乡村建设行动，完善乡村基础设施，推进农村人居环境整治提升，保护好古村落、民族特色村寨和原生态自然环境。

福建省政府2022年度工作报告在回顾2021年乡村振兴工作时用"全面推进"来概括：省市县三级乡村振兴工作机构全部建立，"百镇千村"试点示范工程深入实施，新建431个"一村一品"专业村，十大乡村特色产业全产业链总产值达2.2万亿元。农业科技创新实现新突破，建成国家级数字农业示范基地4个、省级现代农业智慧园60个、农业物联网应用基地700多个，农作物良种覆盖率达98.5%，自主培育的白羽鸡品种打破国外种源垄断。严格保护耕地，新建高标准农田151万亩，有力保障了粮食稳定生产……

全面推进乡村振兴，奔向新生活、新奋斗的时代序幕已经开启。福建正以永不懈怠、一往无前的奋斗姿态在逐梦美好生活的新征程上阔步前行。

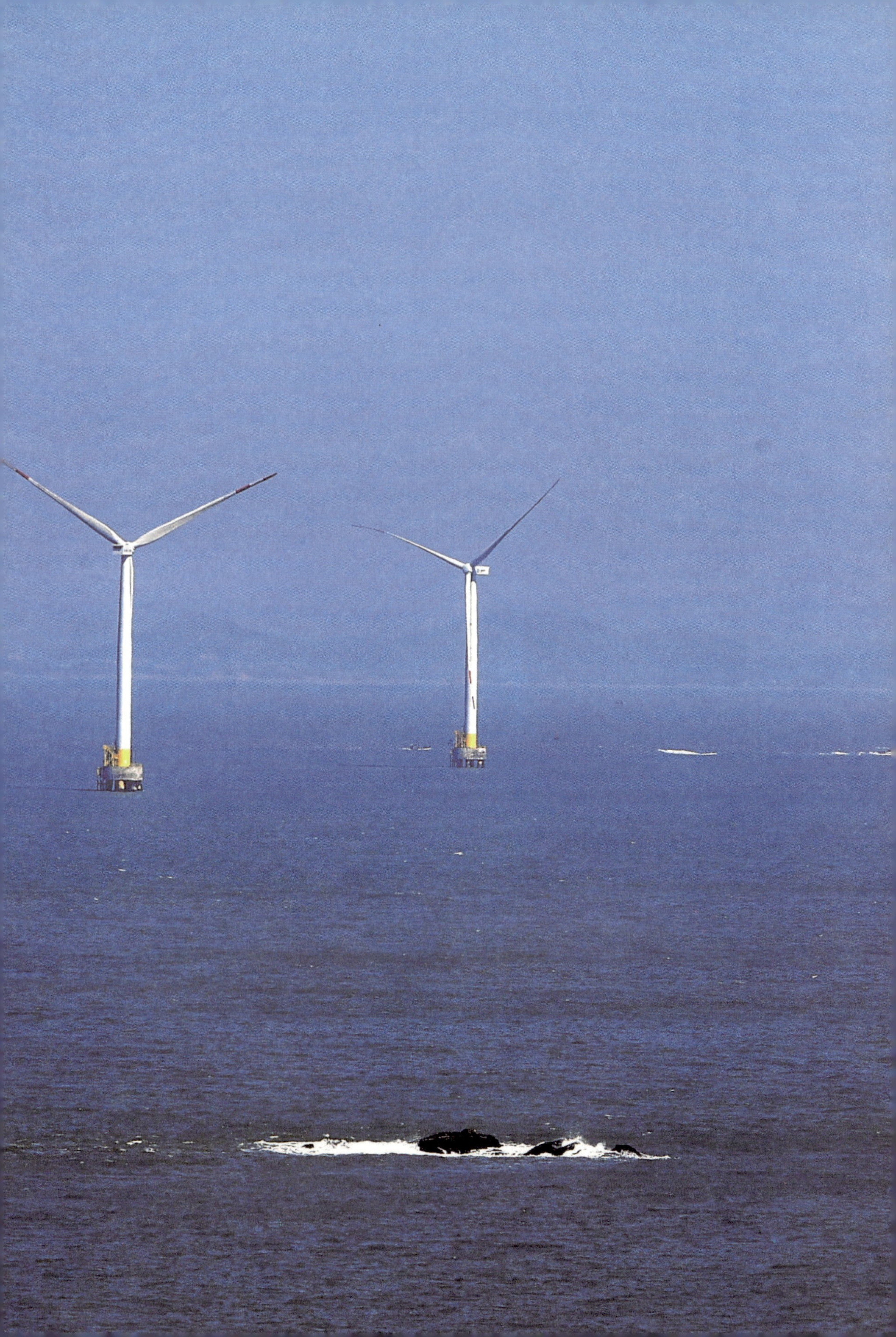

第八章 产业发展

十年来，福建坚持创新发展，现代化经济体系加快构建。全省研发投入增长2.1倍，年均增长15.2%。实体经济成为福建发展的鲜明特色，制造业增加值占地区生产总值比重达34.2%，超千亿产业集群达21个。做大做强做优数字经济、海洋经济、绿色经济、文旅经济，2021年数字经济增加值超2.3万亿元，海洋生产总值超1.1万亿元，清洁能源产业发展迅速，居全国前列。如今的福建，发展动能更加强劲，发展气象欣欣向荣，已成为创新的热土、创业的沃土、创造的乐土。

2019年3月11日,习近平总书记在参加全国人大十三届二次会议福建代表团审议时指出,实实在在、心无旁骛做实业,这是本分。

2021年3月25日,习近平总书记在考察福建时强调:要坚持系统观念,找准在服务和融入构建新发展格局中的定位,优化提升产业结构,加快推动数字产业化、产业数字化。

一、"六四五"产业新体系

"十三五"期间,福建省地区生产总值接连跃上三万亿元、四万亿元台阶,人均地区生产总值突破十万元,分别位居全国第八位和第五位;经济结构持续优化,高新技术产业、现代服务业、数字经济等比重持续上升。《中共福建省委关于制定福建省国民经济和社会发展第十四个五年规划和二〇三五年远景目标的建议》提出,到2035年福建"产业结构全面优化,建成现代产业体系"。总体思路是:坚持把发展经济着力点放在实体经济上,深入推进先进制造业强省、质量强省、数字福建建设,做大做强电子信息和数字产业、先进装备制造、石油化工、现代纺织服装、现代物流、旅游六大主导产业,提档升级特色现代农业与食品加工、冶金、建材、文化四大优势产业,培育壮大新材料、新能源、节能环保、生物与新医药、海洋高新五大新兴产业,打造"六四五"产业新体系,提升产业链供应链现代化水平,强化经济高质量发展的战略支撑。

这是福建省站在新的历史起点上,为未来产业发展所进行的谋划,勾勒出的福建实体经济发展、产业体系建设的壮阔前景。

2021年7月,时任福建省发改委副主任叶飞文表示,福建"产业优"迈出新步伐,三次产业比重从2012年的8.1∶52.1∶39.8调整到2020年的6.2∶46.3∶47.5,初步形成了以现代制造业和现代服务业为主体、特色现代农业为基础的现代产业体系。2021年福建全省地区生产总值48810亿元,比上年增长8.0%,其中一、二、三产业增加值分别增长4.9%、7.5%、8.8%。

以加快发展特色现代农业为例,截至2022年初,全省培育形成特色产业百亿强县9个、十亿强镇79个、亿元村146个。茶叶、水果、蔬菜、水产品、花卉等十大乡村特色产业全产业链总产值达 2.2 万亿元。如茶产业，福建现有茶园面积虽不是全国最大，但茶叶单产、茶树良种推广率、全产业链产值等均居全国第一。以武夷岩茶、正山小种和安溪铁观音、福鼎白茶、福州茉莉花茶为代表的知名茶品牌已超越地域，享誉海内外。

武夷山茶园人家

根据科技部 2012 年发布的《现代服务业科技发展"十二五"专项规划》，现代服务业是以现代科学技术特别是信息网络技术为主要支撑，建立在新的商业模式、服务方式和管理方法基础上的服务产业。它既包括随着技术发展而产生的新兴服务业态，也包括运用现代技术对传统服务的改造和升级。世贸组织的服务业分类标准界定了现代服务业的九大分类：商业服务、电讯服务、建筑及有关工程服务、教育服务、环境服务、金融服务、健康与社会服务、与旅游有关的服务、娱乐文化与体育服务。

产业优，不仅指三产结构调整与发展，同时指产业内部的调整与优化。福建第三产业的发展带有明显的调整与优化的特点，这里既有市场的基本规律，更有主观

厦门海翔码头

上对市场的准确判断、跟踪并进甚至超前规划部署。2021年，福建"服务业转型升级有序推进"。交通运输、仓储和邮政业增加值增长13.1%，福州列入"十四五"首批国家物流枢纽建设名单；批发零售业增加值增长15.4%；信息传输、软件和信息技术服务业增加值增长17.4%。

现阶段，福建正处于工业化与城镇化快速发展之中，制造业成为新发展格局中动力十足的引擎。2021年的国民经济发展报告中指出，"制造业高质量发展取得新进展"，其中包括：规上工业增加值增长9.9%，38个工业大类中有32个实现正增长、两位数以上增长11个，高技术产业增加值增长26.4%。产值超千亿元产业集群达21个（其中电子信息、先进装备制造、石油化工、现代纺织服装产业已经达到万亿级），规模超百亿企业达50家以上，新增国家专精特新"小巨人"企业104家。战略性新兴产业发展不断壮大，工业战略性新兴产业增加值占规上工业增加值比重达到21.5%。

第一产业在生产总值中所占比重相对比较小，就省情来看，在相当长一段时间，它基本能维持这样的水平，福建海洋经济、绿色经济所带来的红利，在"十四五"期间将日益凸显，福建大念"山海经"必将巩固第一产业在国民经济发展中的基础地位。工业化和城镇化的脚步也必将伴随着农业现代化前进的步伐。

探寻福建工业化发展路径是一个非常有意义的话题。仅就制造业而言，就涉及电子、机械、化工、纺织服装等行业。在传统产业之外，福建战略性新兴产业异军突起。"十三五"期间，全省战略性新兴产业实现快速增长，战略性新兴产业增加值超6000亿元，提前一年完成"十三五"时期"倍增"目标，2020年工业战略性新兴产业增加值占规上工业增加值比重较2015年提高了7.6个百分点，新一代信息技术、新材料、新能源、生物医药等重点领域快速发展壮大。创新型企业大量涌现，高成长性企业超过470家，国家高新技术企业突破6400家，是2015年的3倍多；集成电路产业基本形成以厦门、泉州为辐射高地的"一带双核多园"格局，石墨烯产业形成"两核三区"集聚格局，新能源、生物医药等产业集群加快形成。福建临港工业以及港口经济的发展也令人瞩目。

二、数字福建：点亮智慧生活

数字、数据的汇聚和流动，正在深刻改变世界。

闽江边的一个村子里，古稀之年的老郑独自生活，子女不在身边，他每天的必修课，就是定时摁下腕表，向后台发送心电监测数据。在时下福州，有数万人佩戴这样的心电监测腕表。他们的心电数据，全部传送到位于长乐的福建省无创心电大数据中心。这是全国第一个心电大数据中心，老郑发送的数据，在这里实时显示。然后，平台根据这些数据分析，如有异常，就建议监测对象到平台合作的基层医疗机构作进一步的检查。医生也会从大数据中心传来的心电监测片段进行分析，发现问题，及时干预。

除了通过腕表采集，福建省无创心电大数据中心还接入了全国1万多家医疗机构，积累了2亿多条患者动态心电血压数据，20多个相关项目已落户福州。2019年，福建还建起了东南健康医疗大数据中心（一期），这是全国五个区域健康医疗大数据中心之一，是"数字福建"建设的重要项目。众多医院的医疗数据每日都传输到东南健康医疗大数据中心的机房，这些信息将在"安全为先"和"保护隐私"的前提下实现共享。

数字和数据会说话。海量数据的汇集，将有效支持医疗、科研、公共卫生等领域的发展，前所未有地改变世界，改变每一个人的生活。

20余年来，福建的数字经济总量居全国前茅，2017年全省数字经济总规模突破1万亿元，占地区生产总值三分之一强。数字福建呈现出"处处相连、物物互通、事事网办、业业创新"的良好态势，不仅深刻影响了福建的发展，也成为数字中国建设的探索源头和实践起点。

市民在数字中国建设峰会上体验VR设备

2018年4月22日至24日，首届数字中国建设峰会在福州举行。福建抓住数字中国建设峰会这个契机，与百度、阿里巴巴、腾讯、京东等互联网巨头深化项目合作，跨过高山和大海，也穿过人山人海，造福福建。

关于"数字福建"，有几个细节经常被人提及——

2000年国庆前夕，刚回国不久的欧亚科学院院士、福州大学副校长王钦敏，向时任福建省省长习近平递交了《"数字福建"项目建议书》。10月12日，习近平批示指出，建设"数字福建"意义重大，省政府要全力支持。让王钦敏没想到的是，习省长亲自担任"数字福建"建设领导小组组长，没想到的还有"数字福建"后来惊艳世界的奔跑速度。

2002年1月16日17时18分，福建省政务信息网正式开通，这是具有里程碑意义的一刻。而后，依托福州大学组建了福建空间信息工程研究中心，由该中心开发的福建省政务数据汇聚共享平台，有效连接了全省7000多个政府部门，每天都有几百万条数据在政府部门之间流动，支撑起政府的科学决策、政府的精准治理和高效的民生服务。此前很难解决的一些痛点难点问题，诸如开着豪车领低保、死人领社保、市场主体宽进难管、群众办事来回跑路等问题，通过数字平台便得到有效解决。

福建省互联网协会已连续多年发布福建省互联网企业综合实力研究评价结果；

由福建省通信管理局、福建省互联网协会等发布的《2021年度福建省互联网发展报告》指出，福建省互联网行业政策环境持续优化，网络基础设施不断完善，技术层次、互联网规模进一步提高，互联网行业经济规模稳定增长，已达2723.5亿元。

数字产业化，产业数字化。数字经济所涵盖的范围横跨第一二三产业，无处不在的数字已经支撑起一个新兴产业的崛起。一方面，互联网、AI技术等形成了产业，它们广泛应用于社会经济的不同领域；另一方面，无论是实体经济还是社会生活，已经被无处不在的数字所包围，数字化嵌入高速运行的生产领域——无论是流水线上的纺织机还是最普通的公共停车位。

福建省在数字经济发展方面制定过两份非常重要的规划，分别是2011年的《福建省"十二五"信息产业发展专项规划》和2016年的《福建省"十三五"数字福建专项规划》。

《福建省"十二五"信息产业发展专项规划》提出，福建省要重点推进新一代信息技术发展，着力打造物联网、软件、计算机和网络、新一代宽带移动通信、新型显示、LED和太阳能光伏等6个千亿级产业集群，培育25家以上年销售收入百亿元的重点企业。到2015年，实现销售总收入突破1万亿元，年均增长20%；实现增加值4500亿元，占全省GDP比重达15%以上。同时，加快产业转型升级，到2015年，全省软件和信息服务业增加值占信息产业增加值的比率提高到50%以上，国家级产业基地园区增加5家，重点产业链发展瓶颈取得突破。

经过五年的努力，福建"信息网络经济发展势头良好。2015年全省信息经济发展总水平居全国第6位，一些技术和产品处于国内外先进水平；全省电子商务交易总额7116亿元，'两化融合'发展水平排名全国第6位，互联网经济加快发展，有力促进了产业结构升级和经济增长方式转变"。"信息网络经济"或"信息经济"，也就是现在提的"数字经济"。"两化融合"指的是信息化和工业化的高层次的深度结合。除此之外，到2015年福建通信基础网络全面覆盖，提前实现千兆光纤通达全省各市、县（区），3G信号实现行政村以上全覆盖，4G信号覆盖全省市县城区及大多数乡镇，省、市、县广电网络形成"全省一网"，率先开通海峡两岸直通光缆，全省移动电话普及率112.4%，互联网普及率104.1%（居全国第4位）。电子政务应用体系基本建成。社会管理普遍实现信息化，80%主要业务实现了信息化应用，社会运行和综合监管水平明显提升。建成了安监、煤监、水利、消防等16个专业应急指挥平台和省级综合平台，全省防灾减灾和应急处置能力大幅提升。在全国率先推行文件证照电子化应用。同时，社会领域信息化大幅提升；信息安全能力进一步增强。在政策层面，"十二五"期间，福建省出台了进一步加快数字福建建设的若干意见以及智慧城市、大数据产业园区、数据中心整合、互联网经济、电子政务建设和应用管理办法等一系列推进数字福建建设和管理、发展互联网经济的政策法规，对数字经济的发展起到了重要的把向推动作用。

从"十二五"福建信息产业发展成果看，主要在信息化的基础设施领域斩获较大，业绩突出，为"十三五"和"十四五"福建数字经济的发展打下比较坚实的根基。

《福建省"十三五"数字福建专项规划》提出，到2020年，福建智慧化应用体系基本建成，经济社会运行

市民体验 5G 新阅读全景展厅

高度网络化，"互联网+"成为创新驱动发展的重要力量，信息化继续保持领先，基本实现"数字化、网络化、可视化、智慧化"，"数字福建"服务经济社会发展作用进一步增强。要处处相连，物物互通，事事网办，业业创新。大数据产业取得突破发展，电商交易额突破 2.5 万亿元，互联网经济总规模实现倍增，电子信息产业产值超过 1.2 万亿元，信息网络经济成为国民经济重要支柱。

"十三五"数字福建专项规划究竟落实得如何？2021 年 11 月印发的《福建省"十四五"数字福建专项规划》给出了明确的答案——

"十三五"时期，数字福建建设取得显著成效，福建省连续成功举办三届数字中国建设峰会，信息化水平和数字化能力保持在全国前列，为数字中国建设贡献了大量福建经验、福建案例、福建技术和福建产品，为全方位推进高质量发展超越和全面建成小康社会提供有力支撑。与过去五年相比，数字福建新型基础设施加速夯实、政务数据资源广泛共享应用、数字政务服务更加便利快捷、数字惠民服务能力不断提升、数字开放合作纵深发展、网络安全保障能力强化、助力疫情防控和经济

社会秩序恢复。

2020年,全省数字经济规模达2.01万亿元,占全省GDP比重45.7%。数字经济核心产业规模不断壮大,产业数字化深度推进,新业态新模式新产品不断涌现,国家数字经济创新发展试验区(福建)建设扎实推进。7家互联网企业入选全国行业百强,涌现出一批"独角兽""瞪羚"等数字创新企业,通过国家"两化"融合管理体系贯标评定企业数量居全国第二位。概言之,数字经济蓬勃发展。

2021年是"十四五"的开局之年,福建数字经济的发展又向前推进了一步,数字经济增加值达2.3万亿元。与上一年相比,增加近3000亿元。

2022年7月22日,在第五届数字中国建设峰会开幕前夕,福建省召开数字经济创新发展大会。时任中共福建省委书记尹力表示,福建发展数字经济有着坚实基础、良好条件、巨大潜力,要强化关键数字技术创新,大力培养和引进前沿人才,增强创新策源能力;提升数字产业规模能级,精心培育一批数字经济"独角兽""专精特新"企业,壮大数字产业集群;推动数字经济与实体经济深度融合,强化数字技术在生产发展、公共服务等领域的创新应用,为实体经济发展插上现代科技的翅膀。

三、"硬核"石化:发展"新引擎"

在福建省"六四五"产业新体系中,先进装备制造业、石油化工与现代纺织服装是三大支柱产业。这三大支柱产业,用不同的术语界定,既是传统产业,又是制造业。它们是福建二产中的"硬核"。

石油化工在福建形成支柱产业,这条路颇为崎岖。

福建虽不产一滴油,但以港湾、港口、港区为依托,石化企业从小到大,逐步向沿海地区集聚,主要集中在湄洲湾石化基地、漳州古雷石化基地、福州江阴化工新材料专区(简称"两基地一专区")以及连江可门经济开发区等主要石化产业聚集区,形成了包括原油加工及石油制品制造、基础化学原料制造、合成材料制造、橡胶制品、肥料制造、精细化工产品制造等行业,炼油、烯烃、芳烃等产能在全国的位置明显提升,硬生生地在古雷半岛和湄洲湾崛起两座石化新城。

福建古雷石化基地

古雷石化基地位于漳州古雷半岛，2003年7月设立古雷石化产业园区，园区规划总面积278平方公里，有石化工业区、装备制造业区、港口物流区和生态控制区等四大功能区块，具有深水岸线资源和特色自然资源优势，拥有良好的供电条件和工业用地条件，适合布局大型石化、钢铁等重大产业项目。2012年9月，福建省政府批准古雷石化基地规划面积116.68平方公里。2014年4月，国家发改委在福建省批复的规划范围内，明确炼化一体化项目区及配套区域面积50.9平方公里。

古雷石化发展进入快车道是从2017年12月26日古雷石化炼化一体化一期正式开工建设开始的。古雷石化炼化一体化是目前海峡两岸合作的最大的石化项目，被列入国务院支持福建加快经济社会发展的重大建设项目。

2021年3月，古雷石化炼化一体化一期聚丙烯装置投产；5月，项目全面中交；8月18日，乙烯裂解装置一次开车成功、产出合格产品，从项目中交到开车成功仅用不到3个月的时间，创下近年中国石化大乙烯中交开车的新纪录。

2022年4月，福建省政府办公厅印发《关于进一步支持漳州古雷石化基地加快开发建设的通知》，作为全国七大石化基地之一，古雷石化将实现"投产项目累计产能破千亿、新开工项目投资破千亿、新签约项目投资破千亿"的目标。

2022年6月,由中国与沙特合资的总投资420.7亿元的福建古雷150万吨/年乙烯及下游深加工联合体项目获核准,这标志着福建省迄今一次性投资最大的中外合资项目正式落地。该项目由福建省能源石化集团有限责任公司与全球石化巨头沙特基础工业公司合资建设,将在古雷石化基地投资建设一套年产150万吨乙烯及下游深加工联合装置,共采用19项全球领先工艺技术,建成后年产值约300亿元,将带动上下游投资超千亿元。

位于湄洲湾南岸的泉港石化基地的建设要比古雷半岛早了十多年。1993年福建炼油厂建成投产,2009年炼油乙烯一体化合资项目建成投产。泉港打造出"中国石油化工泉港园区""国家循环经济示范试点园区"等国字号品牌。昔日的海洋滩涂蝶变成了石化产业园,国家九大炼油基地之一。可以说,泉港石化产业,是福建省产业结构调整的重要战略布局或者说推手之一。

2020年3月,泉州市泉港区与台湾国乔石油化学股份有限公司通过视频形式,分别在泉州分会场和台湾分会场签约,这标志着100万吨/年丙烷脱氢及90万吨/年聚丙烯项目,将正式落地泉港石化工业园区。国乔公司计划在泉港石化工业园区投资约116亿元,新建100万吨/年丙烷脱氢及90万吨/年聚丙烯项目。项目分二期,一期2020年底开工建设,年产值100亿元人民币。

总部位于高雄的台湾国乔石油化学股份有限公司成立于1973年,是台湾第一家生产苯乙烯单体（SM）的公司。国乔的泉港石化项目,是其在大陆投资的第二个石化企业。早在1996年,国乔就开始在江苏镇江成立国亨公司,投资设厂,生产苯乙烯—丙烯腈—丁二烯橡胶共聚物。与台湾石化产业相比,福建几乎晚了20年。近年,闽台两地携手开始深耕石化上下游企业,颇有建树。为因应泉港石化项目,台湾国乔公司新建泉州国亨化学有限公司,将引进最新世代的丙烷脱氢（PDH）及聚丙烯（PP）工艺制程,投产后将在全世界具领先指标的意义。

在福建联合石化项目中化1200万吨/年炼油、石狮的精对苯二甲酸（PTA）项目引领下,一个以炼油、烯烃、芳烃为龙头,石化下游产业对接适配发展的炼化一体化、基地化、大型化、集约化临港石化产业集群已经在泉州成型。2017年至今,泉港区引进32个石化产业项目,总投资近千亿元,涵盖了电子化学、石化产业、生物制药等多个领域。如今,随着泉州国亨项目以及总投资150亿元人民币的中化

停靠在泉州市泉港区八方码头准备卸船上岸的丙烷脱氢项目丙烯丙烷分离塔

学天辰（泉州）60万吨/年环氧丙烷项目的开工，泉港石化园基地建设不断扩容强筋，持续赋能。

让我们的目光继续北移。随着2020年3月24日总投资581亿元的万华福建产业园在福清江阴港城经济区的动工兴建，福建石化"两基地一专区"中的江阴专区获实质性突破。根据规划，万华化学（福建）MDI产业园一期拟在江阴港城经济区西区投资新建4个项目，包括年产40万吨MDI项目、年产40万吨聚氯乙烯（PVC）项目、年产40万吨苯胺一体化项目、年产60万吨甲醇项目。其中，MDI就是二苯基甲烷二异氰酸酯，作为聚氨酯材料，以其优异的性能、繁多的品种、广阔的用途，在众多合成材料中独树一帜，成为当今发展速度最快的材料之一。

按福建省"十四五"制造业高质量发展专项规划，到2025年，全省石油化工产业规模达到1万亿元。福建省将突出一体化、精细化发展，着力打造"两基地一专区"，合理增加炼油能力，增强烯烃、芳烃等原料供应能力，推进石化产品精深加工，发展塑料、橡胶和专用化学品。

为实现1万亿元产值目标，未来几年，在基础化工原料方面，湄洲湾石化基地推进永荣新材料丙烷脱氢制丙烯及下游新材料、国亨化学丙烷脱氢（PDH）及聚丙烯（PP）等项目建设。漳州古雷石化基地推进中沙古雷乙烯、古雷炼化一体化二期等项目建设。福州江阴化工新材料专区推进中景石化聚丙烯、万华化学（福建）产业园等项目建设。

在石化精深加工品方面，泉港、泉惠石化工业园区和漳州古雷石化基地，推进产业链中下游强链、延链、补链项目建设，增加三烯三苯及乙二醇、对二甲苯（PX）、环氧丙烷等生产能力，发展苯乙烯、醋酸乙烯、乙烯-醋酸乙烯共聚物（EVA）等重点产品。福州江阴化工新材料专区进一步做大中景/中江石化聚丙烯系列产品，开发替代进口高端品种。

概而言之，福建省培育规模超3000亿元石油和化工产业集群有：以湄洲湾和古雷为重点，打造石化一体化产业集群；依托福清江阴化工新材料专区、石门澳化工新材料产业园、连江可门化工新材料产业园等，打造化工新材料产业集群。

四、先进装备制造业与现代纺织服装业：举足轻重的支柱产业

先进装备制造业与现代纺织服装业，在福建经济发展中起着举足轻重的作用。

近年来，福建省先进装备制造业规模稳步扩大，转型升级取得明显成效，形成一批优势特色产品和优势产业，外向型经济实力进一步增强，是全国主要的工程机械制造基地、大中型客车制造基地、大型商用飞机维修基地、船舶修造基地、新能源汽车动力电池基地以及中小型电机制造基地等。

福建省工业和信息化厅发布的《2021年福建省重点产业招商指南》指出，福建省先进装备制造业主要包括：

（1）智能制造装备（智能专用设备、数控机床和工业机器人），智能专用设备主要分布在福州、泉州、龙岩、漳州等地，初步形成了龙岩环保装备产业集聚区，泉州、福州纺织机械集聚区，漳州智能制造关键零部件集聚区等。

（2）汽车制造，具备了中国汽车产业政策中几乎所有的汽车产品类别的生产资格（包括轿车类、其他乘用车类、客车类及货车类），初步形成了乘用车产业集群、客车产业集群、货车和专用车产业集群。

（3）电工电器，主要分布在福州、厦门、宁德、南平等地，形成了闽东、福州

东南汽车城

电机产业集群，福州、厦门输变电及控制设备生产基地，福州、南平电线电缆生产基地等。

（4）工程机械，福建工程机械在全国属于第一梯队，全国排名第四，主要分布在厦门、龙岩、泉州等地，主要产品有装载机、挖掘机、叉车、混凝土搅拌机械等。泉州是国内工程机械"四轮一带"配件重要的生产基地。

2015年7月，福建在全国各省区中率先拟定了一份促进智能制造加快发展的专项文件，此后，又陆续出台政策推动智能制造装备发展。根据《福建省"十四五"制造业高质量发展专项规划》，"十四五"时期，福建省将以福州、泉州、龙岩、漳州、三明为主要集聚区，发挥鑫港纺机、佶龙机械、龙溪轴承等重点企业作用，发展纺织机械、石材机械、智能制造装备关键零部件等领域，加快晋江智能装备产业园、泉三高端装备产业园建设。加大机械基础件领域补短板力度，推动龙头骨干企业联合高校、科研院所等科研资源协同攻关，加快高速高精度轴承、重载齿轮、模具等机械基础件研制。

据前瞻网《2021年福建省智能制造装备行业市场现状及发展前景分析　未来综合实力将持续增强》称：到2025年，福建省先进装备制造产业规模达到1.2万亿元。福建省制造业综合实力将持续增强，质量效益和绿色发展水平将得到高质量提升。

福建龙岩"机博会"

福建省是纺织鞋服产业大省，目前已形成化纤、纺纱、织造、染整、服装、家纺、产业用品、鞋等较为完整的产业链。据福建国际投资促进网报道，2020年全省规上纺织鞋服工业企业实现营业收入10612亿元，其中纺织服装工业营业收入7350亿元。具体产品中，化学纤维871万吨，居全国第三；纱548万吨、坯布78亿米，均居全国第一。

福建纺织服装行业分布大致如下——

棉纺织造：主要分布在福州、三明及泉州、龙岩等地。

印染：主要分布在石狮、晋江、长乐、福清等地。石狮已建成大堡、五堡、锦尚三大集控区，实现热电联产、蒸汽直供、废水集中处理。

服装服饰业：主要分布在泉州、福州、厦门等地。其中，泉州服装产能占全省50%以上，泉州丰泽区、

石狮国际时装周

石狮以及晋江九个城镇先后被中纺联授予童装、休闲、运动、裤业、辅料、内衣等中国服装特色名城、名镇称号。

产业用纺织品：主要分布在晋江、石狮以及厦门、南平等地。产业用纺织品产业发展迅速，品种性能不断改善提高，市场应用领域也不断拓展，正在向工业、医用、建筑、土工等领域发展，已成为纺织工业转型升级和结构调整的重要行业。2020年福建省拥有非织造布企业150家左右，年产量63万吨。

制鞋：泉州、莆田等地已发展形成省内重要鞋业产业集群。制鞋业在福建工业出口贸易中占有重要地位，运动鞋产量居全国首位。2020年制鞋行业营业收入3262亿元，鞋产量39亿双。

与福建先进装备制造业等量齐观的现代纺织服务业，到2025年的产业规模预计可达到1.4万亿元人民币。

五、"一带一路"，临港先行

发展以临港工业为核心的港口经济，福建有地利之便。

港口经济，或换言之临港工业和湾区经济，即港口经济，不是以行业来划分，而是以港口、能源、运输、开发区或工业园区等为载体的多功能、综合性的工业化、规模化、集成化的经济发展形态。无论先进装备制造业还是现代纺织服装业，都与

港口经济密不可分。

从区域经济学的角度看，港口经济是利用港口的区位优势所形成的区域空间经济。利用这种优势使其影响所涉及的地域不仅包括临港区，也包括港口城市及更广范围内的经济腹地。因此，港口经济是以港口为中心，以临港区为依托，以腹地经济作为支撑，与港口紧密联系的经济发展形式。影响港口经济发展的因素很多，首先是港口基础条件，然后是腹地资源、城市支撑、物流服务、经济政策等。

厦门的条件无疑是优越的，在2021全球集装箱港口TOP30排名中，厦门以1204.64万标箱排在第14位。2000年，厦门港集装箱吞吐量突破100万标箱，2017年成功突破1000万标箱。20年间，厦门港的全球排名从30多名上升至第14名；集装箱航线扩充至159条，通达全球52个国家和地区的141个港口。

厦门以港立市，因港而兴，港城融合。2011年，厦门被确定为我国第四个国际航运中心；2014年，成为全国四大邮轮运输试点示范港之一；2022年，入选国际性综合交通枢纽城市。进入21世纪的20年，厦门抓住了每一次港口发展的重要机遇，并以此有力推动了城市发展，深刻改变了城市面貌。

港口是厦门的经济命脉，培育了千亿产业链的现代物流业；厦门港对外输送的便利性，吸引了各种产业和要素资源集聚，平板显示、半导体和集成电路、机械装备等12条产业链，至2021年已实现10条产业链突破千亿元规模；厦门的自然禀赋带旺旅游业，而厦门港客运运输形式的多样性——国际邮轮、城际班轮、市内轮渡、海上观光游览、岛际客运和休闲游艇——每年可接待旅客数千万人次。

以港口为核心，凝聚各种要素，不断拓宽边界，形成虹吸效应。"跨岛发展"为厦门港打开了发展空间，从东渡港区起步，逐步向海沧、翔安港区推进发展，使得城市空间得以延伸，更关键的是产业得以拓展。厦门港2021年集装箱吞吐量1204.64万标箱，海沧港区就贡献了891.73万标箱，占全港比重74%。海沧港也是中国第一个实现全自动化的码头，如今已实现了"东方大港"的梦想，可谓"厦庇五洲客，门纳万顷涛"。

在对中国港口经济的描述中，长三角、粤港澳大湾区和环渤海经济区是三个前端，位于东南沿海的厦门跻身港口经济前10位，算是一个另类。厦门缺乏如上海港、宁波港、深圳港、广州港那样广阔的市场腹地，因此就很难形成产业的大量聚集。厦门提出"以港口带动物流、以物流带动产业、以产业带动城市"，无疑是一

大型货轮停靠厦门集装箱码头

个重要思路。港口经济没有特定的模式,厦门的"小而美"造就了它的与众不同。当然,厦门需要在开放空间上步伐再大一点,再快一点,从"实施自由港的某些政策"到"探索实施自由港政策",把港口优势充分释放出来,形成厦漳泉大三角湾区经济圈。

与直接"面海"的厦门有所不同,福州是"沿江傍海"。30年前,福州市提出"建设闽江口金三角经济圈"的构想,该构想从陆地到海上,从港口、机场交通到产业结构、所有制成分,从特殊政策到人文条件,提出20年分三步走的发展目标,提出"把福州建设成为福建省的商贸金融中心、科技信息中心、闽台经贸中心,成为贸易、工业、科技一体化,第三产业繁荣、综合配套的开放城市"。"经济圈"提出了西半环与东半环概念,东半环是指海域:"由连江县粗芦岛、郊区琅岐岛及平潭县海坛岛等一系列岛屿和连江县黄岐等一系列半岛及沿海突出部构成。在这些海岛、半岛和突出部上,将建设多种形式外商投资成片开发区域。"福州闽江口南北两片,如今从罗源湾到定海湾,已有可门港、松下港、江阴港等新港区,有火电、核电、

195

风电等多个电厂，有纺织、化工、机械制造、数字智能等产业集群，湾区经济正在形成。

福州把湾区经济发展的重点落子在江阴半岛。2017年8月，江阴港城经济区成立，由福州市江阴工业集中区、福建自贸试验区福州片区保税港区整合而成。位于福州市南端的福清江阴半岛，东临台湾海峡，是福州南翼临港产业的重要基地，规划面积168.95平方公里。其发展定位是：依托港区，发展以临港石化、海洋产业、装备制造、国际航运物流、整车及零配件进出口贸易、大宗商品集散分拨、保税仓储物流展示和融资租赁等现代服务业，打造配套完善的现代化港口城市。

汽笛声响，一艘艘超十万吨级的集装箱货轮在江阴港区结束了一整天忙碌的装卸作业后，准备离开码头，开往下一个港口。

江阴港的兴建与福清籍著名爱国侨领林文镜息息相关。他晚年一直希望在家乡建设一个海港，能有几个泊位做到上万吨级。他发现此地后，毅然斥巨资800万元人民币完成勘测，充分挖掘江阴半岛作为深水良港的潜力。他还奔走各地，利用个人影响力，向世界推广福建江阴。

福州江阴港

平潭综合实验区海上风电场

2002年12月,江阴港作为深水良港建成投入使用,前可直抵台湾,东出太平洋,后可辐射八省市广袤内陆。而30万吨极限泊位的测定,决定其未来就是世界级集装箱大港。

经过多年建设,作为国家一类口岸的江阴港区已初具规模,现已建成5个集装箱码头、1个煤码头,以及全省唯一连片的3个液体化工码头,并开通海铁联运,开通内外贸航线62条,其中内贸35条、外贸27条,有10条航线直达"一带一路"沿线国家,是目前我国"一带一路"航线占比最高的港口。

在2021年福建省政府出台的支持福州强省会战略的若干意见中,明确提出"加快建设福州国际深水大港,支持罗源湾、江阴等重点港区整体连片开发建设,促进港口、产业、城市联动发展。推动福州港建设成为国家级大宗商品战略中转基地"。说明湾区经济、临港工业、港城发展成为福州建设国际化城市的战略布局。

2021年初,福州市印发《坚持"3820"战略工程思想精髓 加快建设现代化国际城市行动纲要》,提出重点建设福州滨海新城、福州大学城、东南汽车城、丝路海港城（江阴港城、罗源湾港城）、福州（长乐）国际航空城、现代物流城。"六城"建设，始终围绕港区、产业做文章。这其实也正是多年之功，念兹在兹的"沿江向海"。可以说，从海上看福州，福州的发展在港口，在湾区，在海洋。

六、专项规划，战略性新兴产业

"十三五"期间，福建省战略性新兴产业实现快速增长，增加值超6000亿元，提前一年完成"十三五"时期倍增目标，2020年工业战略性新兴产业增加值占规上工业增加值比重较2015年提高了7.6个百分点，新一代信息技术、新材料、新能源、生物医药等重点领域快速发展壮大。创新型企业大量涌现，高成长性企业超过470家，国家高新技术企业突破6400家，是2015年的3倍多；集成电路产业基本形成以厦门、泉州为辐射高地的"一带双核多园"格局，石墨烯产业形成"两核三区"集聚格局，新能源、生物医药等产业集群加快形成。这是2021年10月29日在福建省政府新闻办召开的福建省"十四五"专项规划系列新闻发布会上透露的信息。

所谓战略性新兴产业，是指由于科学技术的重大突破性进展所形成、对经济社会发展和国家安全具有重大和长远影响的新部门和新行业。战略性新兴产业大体分七大行业：新一代信息技术、生物与新医药、新材料、新能源、节能环保、高端装备制造及海洋高新产业。

2011年10月，福建省政府印发了《福建省"十二五"战略性新兴产业暨高技术产业发展专项规划》。该专项规划提出："十二五"期间，福建省将大力培育发展新一代信息技术、生物与新医药、新材料、新能源、节能环保、高端装备制造、海洋高新产业等七大战略性新兴产业，重点打造新型平板显示、计算机和网络、LED和太阳能光伏、新一代通信、软件和集成电路、物联网、生物制造、新医药、高效节能、先进环保、钨系硬质合金、稀土材料等十二大产业链。根据《福建省"十三五"战略性新兴产业发展专项规划》提供的数字，2015年实现增加值2618.82亿元，占地区生产总值比重为10.08%，比2010年高出2.08个百分点，成为推动福建省经济持续快速发展的重要力量。

福建省"十二五"战略性新兴产业分行业发展情况

产业领域 增加值（亿元）	年度	2011年	2012年	2013年	2014年	2015年
战略性新兴产业		1169.38	1467.57	1902.93	2350.47	2618.82
其中：	新一代信息技术	676.41	808.25	864.56	957.98	952.56
	高端装备制造	77.06	87.99	133.93	257.15	311.50
	生物与新医药	58.64	74.00	86.62	97.74	149.06
	节能环保	71.55	115.14	227.4	304.53	340.97
其中：	新能源	96.48	115.28	113.41	127.03	198.80
	新材料	171.18	243.09	427.72	536.42	598.27
	海洋高新	18.06	23.82	49.30	69.63	67.65

（数据来源：《福建省"十三五"战略性新兴产业发展专项规划》）

有分析指出，福建在"十二五"期间的战略性新兴产业主要特点有：（一）保持高位增长，总量规模壮大。2015年，七大战略性新兴产业占全省规模以上工业增加值的比重达到17%。（二）产业地位突显，结构日趋优化。2015年，新一代信息技术和新材料产业分别实现增加值952.56亿元和598.27亿元，合计占全省战略性新兴产业增加值的比重达59.21%，在新兴产业中突显主导地位。（三）推进载体建设，产业集聚明显。到2015年，全省已有7个国家级高新区、8个国家高新技术产业基地、2个国家高技术产业基地、3个国家创新型产业集群和1个国家战略性新兴产业区域集聚发展试点，初步形成以福州、厦门为核心，高新技术产业开发区、创新型产业化基地为节点的战略性新兴产业带，涌现出新型显示、集成电路、新医药等一批特色鲜明、具有竞争优势的新兴产业集群。（四）加快平台构建，创新能力增强。截至2015年年底，全省万人发明专利拥有量达4.70件，居全国第10位，超额完成"十二五"规划目标。

在"十二五"的基础上，《福建省"十三五"战略性新兴产业发展专项规划》提出更高目标：到2020年，战略性新兴产业增加值力争达到5850亿元，年均增长17.5%，占地区生产总值比重约15%。其中，新一代信息技术和新材料产业增加值分别为1910亿元和1420亿元，在战略性新兴产业中继续保持主导地位；高端装备制造和节能环保产业增加值分别达到680亿元和700亿元，成为战略性新兴产业中新的主导产业；新能源产业、生物与新医药产业、海洋高新产业、新能源汽车产业成为新的增长点。

据统计，"十三五"期间全省战略性新兴产业增加值超6000亿元，提前一年完成"十三五"时期"倍增"目标，发展效益持续提升，2020年福建省高新技术产业化效益指数位列全国第4位，排名较上一年上升3位。数字经济发展迅猛，2020年福建省数字经济发展指数排名全国第8位，数字经济增加值占地区生产总值的比重达45%左右。

"福建社科院国情省情调研课题组"发表的《福建战略性新兴产业发展现状、面临问题及其政策建议》，总结了近年来福建战略性新兴产业发展的几个特点：一是产业规模壮大；二是经济地位提升；三是创新能力提高；四是产业结构优化；五是集聚效应明显；六是领军企业成长快。

根据《福建省"十四五"战略性新兴产业发展专项规划》，到2025年，全省战略性新兴产业增加值力争达到10000亿元，战略性新兴产业增加值占地区生产总值比重力争达到17%。

当前，福建产业经济处于新发展格局加速建构之中。新一轮科技革命和产业变革深入发展，由高速增长阶段转向高质量发展阶段，由此形成历史性交汇，产业分工格局面临重塑。对战略性新兴产业发展而言，更是不容错过的重要战略机遇期。纵观福建战略性新兴产业发展之路，可以说抓住机会跟上时代的步伐。从"十二五"到"十四五"，福建连续制定专项规划，瞄准战略性新兴产业最前沿。尤为可贵的是，福建能够洞察、把握新一轮产业革命和产业变革带来的巨大冲击和机遇，正如《福建省"十四五"战略性新兴产业发展专项规划》指出的：

新一轮科技革命和产业变革，为产业创新发展带来新动力。新一代信息技术深度应用带动数字化浪潮，数字转型深刻改变了制造模式、生产方式、产业组织和分工格局，加速产业技术变革、生产变革、管理变革、体制变革。以新药创制、基因技术应用服务、新型医疗器械制造、生物农业、工业生物技术等为代表的新增长点不断涌现并趋于成熟，将掀起新一轮生物技术的浪潮。分布式发电、新型储能、能源互联网、高效燃料电池等技术正在推动能源革命，太阳能、风能、核能、氢能等新型能源应用比例不断提升，低碳、清洁、高效的新型能源体系正在加速形成。机器人、增材制造、数字孪生、工业互联网等技术正在全面推动制造业向智能化、服务化、绿色化转型。以第三代半导体、超材料、微纳材料为代表的新材料也为制造业创新提供了源头支撑。

站在新的历史起点，我们有理由相信福建产业经济的发展将以更加坚实的步伐，"坚持系统观念，找准在服务和融入构建新发展格局中的定位，优化提升产业结构，加快推动数字产业化、产业数字化"，着力推进科学发展、跨越发展，努力建设机制活、产业优、百姓富、生态美的新福建。

产业结构全面优化，建成现代产业体系。未来可期！

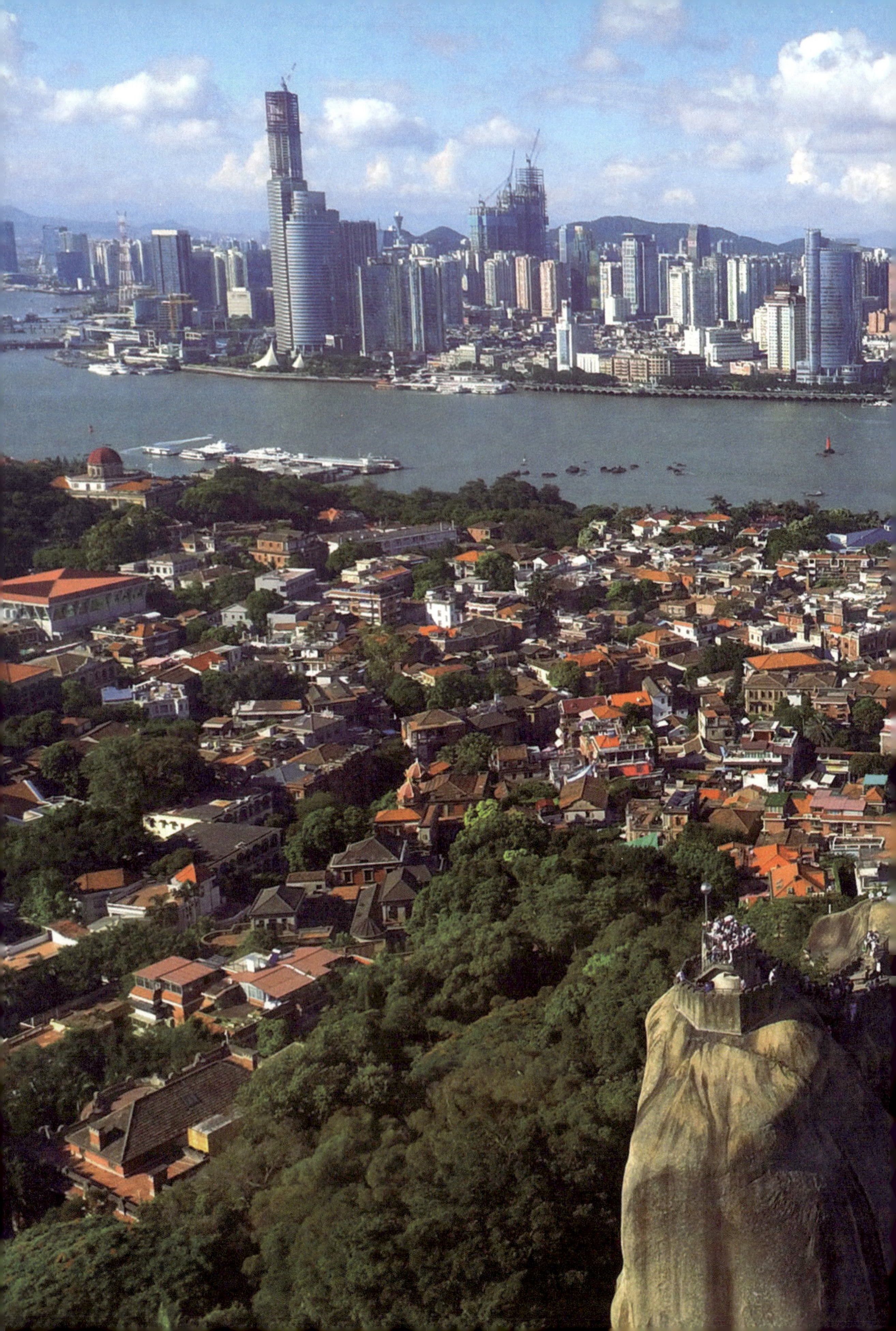

第九章 文化强省

十年来，福建省文化遗产保护工作卓有成效，文化创新活力充分迸发，文化事业繁荣兴盛，文化产业蓬勃发展。充分发挥世遗大会溢出效应，推进考古遗址公园建设，保护好福州古厝等古建筑、老宅子、老街区，支持泉州打造世界遗产保护利用的典范城市，支持厦门、莆田申报国家历史文化名城。福建现有国家级非遗代表性项目145项，位列全国第十；代表性传承人143人，位列全国第五。传承弘扬中华优秀传统文化，促进朱子文化、闽南文化、客家文化、妈祖文化等特色文化创造性转化、创新性发展。传承弘扬红色文化，赓续红色血脉。

福建是文化大省、强省，粗略地划分，或者说人们耳熟能详的，即有朱子文化、红色文化、客家文化、妈祖文化、闽南文化、闽都文化、海丝文化、船政文化、华侨文化，等等。十年来，福建文化遗产传承与保护热潮涌动，文化创新创造活力充分迸发；八闽文化在传承弘扬中华优秀文化中的特色和作用日益彰显，文化软实力和在国内外的影响力更是显著增强。

一、"海纳百川，有容乃大"：闽都文化

福州鼓楼区的三坊七巷，以及台江区上下杭商业街区、仓山区烟台山文化街区的保护与修复，可以说是福建对文化遗产保护的典例。

福州有2200多年的建城史，有着丰厚的历史文化积淀，举凡建筑、戏曲、民间信俗等各个种类，从农耕文化到海洋文化，从商业文化到船政文化，从信俗文化到饮食文化，从寿山石文化到坊巷文化，福州让17个特色历史文化街区及261个传统老街区"活"起来。漫步福州街头，无不感受到历史的跫音、时代的脉搏。文化的沉浸，使闽都更加温润，无不透出派江吻海的气质与格局。有学者认为，"闽都文化内含着一种和合儒雅的精神气质、一种崇礼重教的文化传统、一种稳健谨慎的生活态度、一种经世务实的价值观念，从而锻铸了包容和合、稳健谨慎、爱国自强、经世务实的闽都精神"。

2021年3月24日下午，习近平总书记在福州三坊七巷历史文化街区考察调研时强调，保护好传统街区，保护好古建筑，保护好文物，就是保存了城市的历史和文脉。对待古建筑、老宅子、老街区要有珍爱之心、尊崇之心。而早在2002年，时任福建省省长习近平在为《福州古厝》一书撰写的序言中指出："发展经济是领导者的重要责任，保护好古建筑，保护好传统街区，保护好文物，保护好名城，同样也是领导者的责任，二者同等重要。"

2022年9月7日，福州市召开座谈会，重温《〈福州古厝〉序》。中共福建省委常委、福州市委书记林宝金在座谈会上表示，要以守正之心，持续加大古厝保护力度，建立健全保护法规制度体系，加快古厝保护修缮项目建设，加快推动三坊七

巷等申报世界文化遗产；要以创新之举，精心做好活化利用文章，着力在挖掘文化内涵、推进文旅融合、创新表达方式上下功夫，持续提升福州古厝国际知名度、美誉度。

　　令人感到欣慰的是，福州始终不渝致力于古厝、古街区保护与开发。新店古城遗址、闽江之心使我们恍如进入时光隧道，从2000年前穿越到现在，从幽暗的青灯到璀璨的霓虹，当我们领略这时间赋予的丰盛的文化大餐的时候，是否也感受到时间曾经对历史文化遗迹的侵蚀？

生活在福州的人，最能感受到三坊七巷、上下杭、烟台山这些历史文化古街区是如何获得重生的。2018年，作家陈章汉有感于三坊七巷的保护和改造，题书"悠扬古韵，俊彩九州"，还撰赋纪事，其中云："昔水流一湾，涓赴四海；丝路两途，缘牵八极。今潮平两岸阔，海近千帆扬，十患邑同风。"三坊七巷能成为闽都文化之源、之根，并成为中国十大文化古街之首，不仅仅因为保存了200余座古建筑，更因为诞生过一大批对当时社会乃至中国近现代进程有着重要影响的人物。改革开放以来，旧城改造轰轰烈烈，能留住这样一片老城区着实不容易。

在2012年上下杭开始改造之前，人们看到的只有如《乡土风物》2019年第5期所刊《福州上下杭商业文化的根脉》一文中所写的"斑驳的墙体、蜘蛛般的电线，脱落的让人认不全的商店

福州三坊七巷

招牌。而且，窄窄的里弄，路面坑坑洼洼、污水横流，三捷河桥下河水，更是浑浊不堪，弥漫着难闻气味。在一些院落，走道窄到仅可容身，不大的院子，住着好几户人家。随处是搭盖，随处有晾晒……"

上下杭是福州最重要的商业街区之一，是闽商的重要发祥地，是商业码头重镇。曾几何时，那里商号林立，船楫相接，拥有商行、京果行、布行、颜料行、国药行、茶行、糖行、纸行、海味干货行、钱庄、船务行、汽车运输行等各行各业商铺

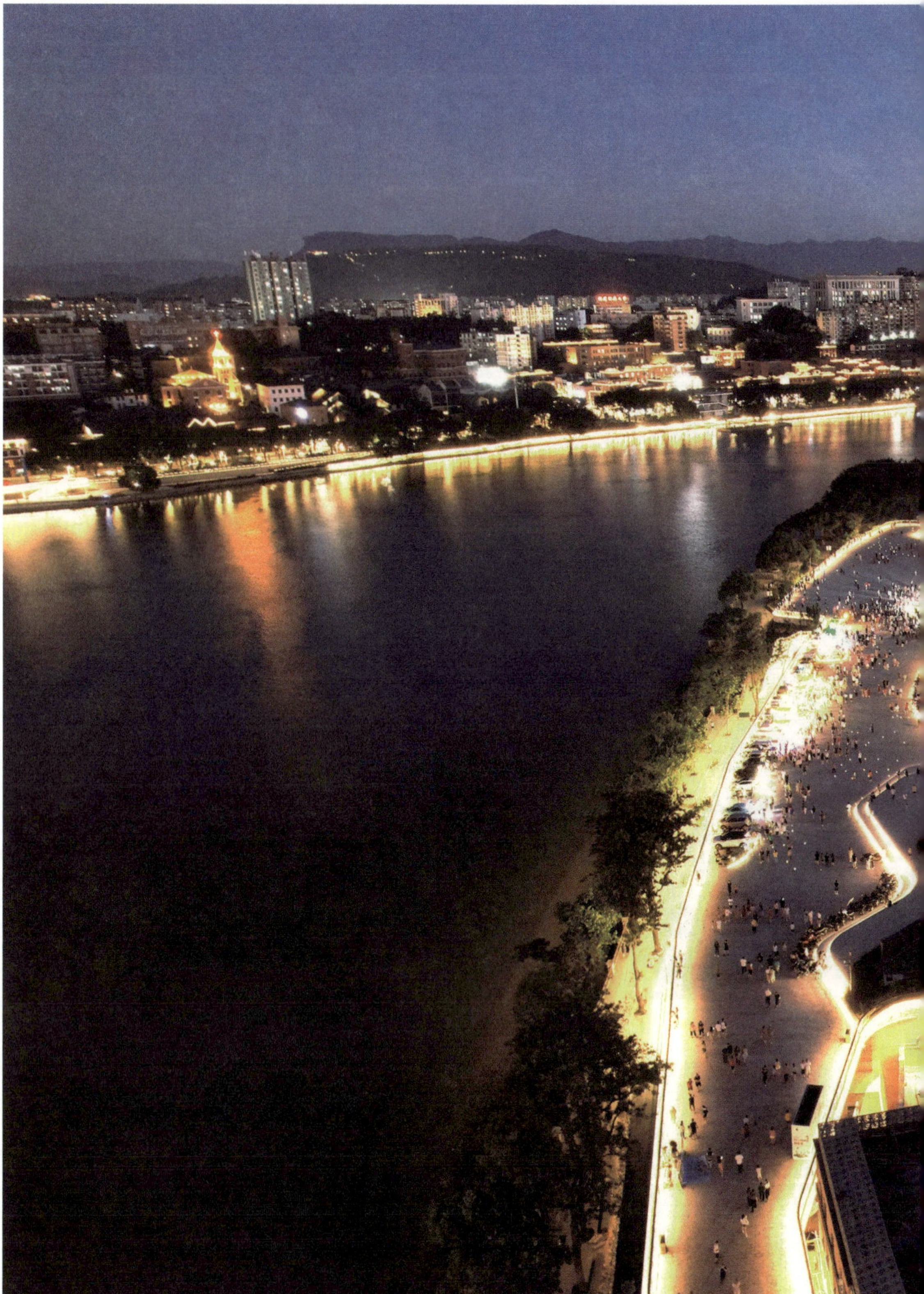

闽江之心夜景

改造后的上下杭吸引许多游客前来参观

共130余家,洋行、商会、救火会、会馆、酒楼、庙坛、祠堂等60多家,呈现"百货随潮船入市,万家灯火户垂帘"的景象。但是,这些都湮没于历史的烟尘之中,令人扼腕。随之而去的还有那种浸入人们经济社会生活的商业文化。上下杭台江码头的商业文化与三坊七巷的传统文化、烟台山上的西洋文化,都成为闽都文化的一部分。现在,我们慢慢把它捡拾起来,修复、创新、传承。作家陈慧英来到上下杭,她这样写道:"走进双杭,是走进老时光,宜踩木屐、穿布衫、撑一把福州油纸伞,悄悄地走过河边、走过小桥、走进老屋、走进昔日的繁华与荣光,那是可望而不可即的岁月隧道,那是让你倍感苍凉也令你奋马扬鞭的古钟遗响!"

其实,又有多少人在周末、节假日流连于福州的古旧如新的坊巷之中,在高度紧张的都市生活之余去进行一段坊巷文化或者说闽都文化之旅啊!因为,这更是一段传统文化之溯源,使我们可以去体会不一样的文化况味,享受文化的饕餮大餐。

习近平总书记在福建工作期间,提出"像爱惜自己的生命一样保护好文化遗产"。每个民族的复兴,大多是从总结自己的文化遗产开始。一个民族的文化遗产,承载着这个民族的认同感和自豪感;一个国家的文化遗产,代表着这个国家悠久历史文化的"根"与"魂"。无论是物质文化遗产还是非物质文化遗产,只有保护和传承,才能让这片土地上的人们活得更自信,明白自己从何而来,又将去往何处。

二、"重乡崇祖、爱拼敢赢": 闽南文化

闽南历史文化具备海洋性、开放性的特点,在东西方文明互鉴中充满张力,架起一座座桥梁,连接中外,沟通世界。

2007年6月,文化部下文在福建的厦门、漳州、泉州行政区划内设立闽南文化生态保护实验区,这是我国首个以保护文化生态为目的而划定的文化区域。

闽南文化生态保护实验区所包括的厦、漳、泉三市是闽南文化的发源地、辐射源和核心承载体。闽南文化在长期发展演变中,形成闽南方言、南音音乐、南戏、南拳以及以"出砖入石"为特点的南建筑,被统称为"五南文化"。当然,除此之外,闽南的乌龙茶文化、陶瓷文化、石雕文化、开漳文化、保生大帝信俗等绵延千年的传统文化,也和"五南文化"一起,随着闽南人跨越海峡拓展宝岛台湾、远渡重洋赴东南亚各地垦荒定居、闯荡世界经商而传播到全球各个角落。

2014年4月,《闽南文化生态保护区总体规划》颁布,规划期从2011年至2025年,分三个阶段实施,重点抢救一批濒危的非物质文化遗产代表性项目,重点保护一批传播范围广、价值特征突出的代表性项目,同时要全面保护各级的非遗代表性项目。

2017年7月,在第41届世界遗产大会上,鼓浪屿全岛以"鼓浪屿:历史国际社区"列入《世界遗产名录》。2020年12月,"送王船——有关人与海洋可持续

2017年12月10日,第三届海上丝绸之路国际艺术节在泉州举行。图为南音、提线木偶、高甲戏同台演出

211

游客参观鼓浪屿中西合璧建筑风格的别墅

联系的仪式及相关实践"列入联合国教科文组织人类非物质文化遗产代表作名录。2021年7月25日,在福州举行的第44届世界遗产大会上,"泉州:宋元中国的世界海洋商贸中心"顺利通过审议,成功列入《世界遗产名录》,成为中国第56个世界遗产。申遗成功的背后,除了历时弥久,还有长达数十年的规划发展和科学保护。

鼓浪屿以"历史国际社区"列入《世界遗产名录》,是厦门对鼓浪屿岛上近千栋历史建筑,151个不可移动文物点,包括学校、医院、教堂、海关、领事馆等公共建筑保护的重大成果。这些保存完好的历史遗迹,真实且完整地记录了中外多元文化碰撞、交流、融合的历程。而"送王船——有关人与海洋可持续联系的仪式及相关实践",是闽南文化的重要信俗文化,影响中国台湾及东南亚等地。

目前,厦门市共有世界级非物质文化遗产名录1项、国家级名录11项、省级名录28项、市级名录24项。现有市级以上(含市级)非遗代表性项目代表性传承人共113人,其中国家级13人、省级52人、市级48人。

厦门市启动了14个"非遗"保护试点和26个传习中心建设,以"点"带"线",带动了高甲戏、歌仔戏、南音等闽南古老戏曲剧种的传承和推广,送王船、拍胸舞、车鼓弄、阵头游艺等深受市民喜爱的民间民俗活动走向市场、走入群众,答嘴鼓、新垵五祖拳、闽南皮影戏、厦门方言讲古、闽南蛇伤疗法等民间技艺绝学重新发扬光大。越来越多市民特别是年轻人接触、认知和感受到这些传统民间习俗和艺术的无穷魅力，并自发学习和传颂。

泉州作为闽南文化发祥地和核心区，处处都有闽南文化鲜活的踪迹，这些踪迹，与其相关的环境、建筑、人物、风俗、技艺等，构成一幅幅生动典型的闽南文化生态图。泉州走过20年申遗路，磕磕碰碰，并不平坦。2021年的申遗，泉州遗产点总数多达22个，包括老君岩造像、市舶司遗址、德济门遗址、泉州天后宫、泉州府文庙、泉州开元寺、九日山祈风石刻、清净寺、伊斯兰教圣墓、草庵摩尼光佛造像、德化窑址、洛阳桥、安平桥、六胜塔等文化精华。

其实早在2010年5月，泉州市政府就发布了《泉州市闽南文化生态保护区建

泉州德济门遗址和天后宫

开元寺

安平桥

泉州文庙

设规划》。2013年底，即已建立了10个以上非物质文化遗产博物馆、100个以上非物质文化遗产传习所、1000个以上非物质文化遗产保护示范点；建立了古城区闽南文化生态保护示范区等共13个闽南文化生态保护区。

2021年4月，泉州市发布《闽南文化生态保护区泉州市行动方案（2021—2025年）》，该方案列出一长串任务清单，其中包括：通过5年努力，争取新增5项世界级、国家级非遗项目，新增30位省级以上非遗传承人，各县（市、区）（含泉州开发区、泉州台商投资区）非遗综合展示馆全覆盖，新增非遗传习所300个以上，闽南文化成为学前教育和义务教育阶段必学课程，非遗数字化保护、传播持续推动，闽南文化在对台、港、澳文化交流合作中的作用进一步突显，达到国家设立文化生态保护区"提高遗产可见度、彰显文化多样性、增强保护发展自觉性、宣示保护责任和义务"的目的，闽南文化（泉州）生态保护区建设成为"遗产丰富、氛围浓厚、

南音

特色鲜明、民众受益"的国家级文化生态保护区先进区、示范区和引领区。

而漳州早在2009年就出台了《漳州市闽南文化生态保护实验区建设规划（试行）》，提出分三个阶段进行。第三阶段建设目标是：基本形成较为完善的文化遗产保护体系，较为完整的基础设施，实现保护工作科学化、规范化、网络化、法制化；保护文化遗产成为人们的自觉意识和自觉行动，具有历史、文化、艺术和科学价值的文化遗产在良好的环境中得到全面有效保护和发展；优秀文化遗产的精神和智慧融入现代生活，促进人的全面发展，经济、文化、社会与自然生态和谐相处持续发展。

值得注意的是，文化生态既需要保护，也需要建设、创新。无论是戏曲音乐、雕塑建筑，还是民间工艺与民间信俗，单纯的"静态"保护是不够的，更需要与时俱进，与时代融合，在传承的基础上实现创新。正如福建省梨园戏实验剧团团长、两届梅花奖得主曾静萍认为，"一个传统艺术活在当下，如何跟随时代的发展，与时代气息相符合，这应该是创新过程所不能背离的"。在曾静萍看来，传统文化要与教育相结合，与科研、与文化产业相结合，才能长盛不衰。

当然，文化还有如何向海外、向世界表达的问题。闽南文化所具备的海洋、开放的个性，必将有助于人们在东西方的文明互鉴中架起一座座桥梁，连接中外，沟通世界。

三、"立德、行善、大爱"：妈祖文化

妈祖是海上"和平女神"。相传妈祖原本是福建湄洲岛上的渔家女，名林默，平素扶危济困，乐于助人，因救助海滩离世，受到人们敬仰，尊为林默娘，并立庙奉祀。史料显示，宋、元、明、清几个朝代都对妈祖多次褒封，封号从"夫人""天妃""天后"到"天上圣母"，相关祭典列入国家祀典。

妈祖信俗从产生至今，经历了一千多年，延续之久，传播之广，影响之深，是其他民间崇拜所不可企及的。正如莆田学院的许元振老师所说的，妈祖文化的内容十分广泛，涉及宗教学、历史学、文学、政治学、社会学、民俗学、人类学、海洋学、旅游学、传播学等领域，单单属于艺术范畴的就有建筑、雕塑、碑刻、书法、

音乐、服饰等,并且已经在传统媒体上经历了长达千年传承与传播,可谓源远流长,博大精深。

2009年9月30日,"妈祖信俗"成功入选联合国非物质文化遗产名录;2016年,"发挥妈祖文化等民间文化的积极作用"被写入国家"十三五"规划纲要。

2016年10月31日至11月2日,由中国社会科学院、国家海洋局、国家旅游局、国家文物局和福建省人民政府共同主办的世界妈祖文化论坛在妈祖故里福建莆田湄洲岛举行。论坛聚焦"立德、行善、大爱"的妈祖精神内涵和"平安、和谐、包容"的妈祖文化特征;论坛发出的"湄洲倡议"如是阐述:为维护世界文化的多样性,按照联合国教科文组织第三十二届会议通过的《保护非物质文化遗产公约》要求,处理好继承和发展的关系,重点做好创造性转化和创新性发展,加大对妈祖文化物质类和非物质类文献资料的收集、整理,促进技艺的传承和继承。论坛突出妈祖文化的海丝特征与海洋特质。中国社会科学院副院长张江认为,妈祖文化是实施"一带一路"倡议特别是海上丝绸之路构想最直接、最便捷、最广泛的文化交流纽带,"妈祖文化与中外关系史、海上贸易史、沿海港口开发史、科学技术史等有密切联系,不能仅站在莆田或福建视角看待妈祖文化,应把传承和弘扬妈祖文化置于中国发展大局中,让妈祖文化融入外交、海洋、旅游、经贸等相关领域"。国家海洋局局长王宏则表示,"妈祖文化是中国海洋文化的主要代表,是中华民族经由海洋连接世界的重要文化纽带"。

妈祖祭典

世界妈祖文化论坛迄今已举办六届。

2017年12月,第二届世界妈祖文化论坛举办,湄洲岛成为永久会址。此次论坛发出《湄洲:海洋文明倡议》。

2018年11月,第三届世界妈祖文化论坛同时举行六个平行论坛,"妈祖文化与

2021年11月1日，第六届世界妈祖文化论坛在莆田湄洲岛举行

海外媒体"平行论坛在湄洲岛举办，中新社福建分社与莆田市委宣传部、妈祖祖庙董事会共同构建"妈祖文化海外发布平台"，该平台是妈祖文化信息的首个海外发布平台。此次论坛发布的"湄洲倡议"，呼吁进一步挖掘妈祖文化内涵，把妈祖文化打造成更具现代化的文化符号和文明交流的载体。

2019年至2021年，先后举办了第四届、第五届和第六届世界妈祖文化论坛。推动了妈祖文化的研究与传播。其中，第六届世界妈祖文化论坛还举办了"妈祖文化生态保护与传承"分论坛。

无疑，妈祖文化是福建文化中最具世界影响的优势传统文化，它向全国、全球各地延播至今，生生不息，历久弥新。2020年11月，由中国社会科学院舆情实验室与中国旅游报联合发布的《2020妈祖文化和旅游国际传播影响力调查报告》，就妈祖文化在中国省域传播影响力、妈祖文化影响力、妈祖庙传播影响力、妈祖文化在港澳台地区传播影响力、妈祖文化在海丝沿线国家传播影响力、妈祖文化国际传播影响力、国外最具影响力妈祖庙等作了研究。调查报告称：在中国大陆，妈祖庙分布在22个省区的450个县。从妈祖文化在各省区的综合影响力看，福建排在第一位，其次是广东，浙江排在第三位。其后是江苏、海南、山东、天津、广西、辽宁、上海，全部集中在沿海地区。广东地区妈祖庙宇众多，见于方志的妈祖宫庙就有380多处。历史上,海南约有200多座妈祖庙,目前保存完好的有47座,其中43座建于明清时期,4座建于元代。辽宁沈阳天后宫历史上曾是中国最北端的妈祖庙,由福建商人陈应龙于1782年兴建。台湾地区妈祖宫庙有1500多座、妈祖信众1600多万人。妈祖绕岛巡安,是台湾岛每年农历三月规模最大的民间信俗活动,参加人数近150万人。

妈祖文化在国外的传播主要有三种途径,一是古代海上贸易,主要为海上丝绸之路沿线;二是福建、广东等地去海外的移民传播;三是当代华侨华人团体的积极推动。到目前为止,妈祖文化传播区域已达46个国家和地区,遍及全球五大洲。

近年来,福建特别是莆田举办了"世界妈祖文化论坛""海峡论坛·妈祖文化周""中国·湄洲妈祖文化旅游节""妈祖下南洋·重走海丝路"等系列活动;开展了"天下妈祖回娘家""两岸海上祭妈祖""湄洲妈祖巡天下"等信俗活动,通过影视创作、艺术呈现、民俗推广等丰富多样的形式,有力推动妈祖文化传播和走向世界。湄洲岛作为全球妈祖文化中心和传播中心,实至名归。

海祭妈祖

四、"勇于开拓，精诚团结"：客家文化

闽西客家文化是闽西客家人在独特的生存环境中所创造的社会文明成果，是闽西客家人生存智慧的结晶。闽西客家文化继承了中国传统文化的理念和核心价值，反映在闽西客家人的思想观念、民居建筑、文学艺术、民间信俗以及生产生活方式等方方面面，具有深厚的文化底蕴和鲜明的地域特色。

2017年1月，客家文化（闽西）生态保护实验区获批，成为福建省继闽南文化生态保护实验区后的第二个国家级文化生态保护实验区。在此之前，国家曾于2010年设立客家文化（梅州）生态保护实验区、2013年设立客家文化（赣南）生态保护实验区。

在客家文化（闽西）生态保护实验区获批前的2016年，福建省即编制了《客家文化（闽西）生态保护实验区规划纲要（初稿）》，围绕客家文化的基本概念、基本条件、保护范围、保护对象等9个方面进行了具体规划，规划期为2016年至2030年。2019年，福建省编制了《客家文化（闽西）生态保护区总体规划》。该规划保护范围为古"汀州八县"，即现行龙岩市的长汀县、连城县、上杭县、永定区、武平县和三明市的宁化县、清流县、明溪县行政区域，保护区面积约1.94万平方公里，人口数量292.1万人（2018年末）。规划设了8大客家文化保护片区、38个整体性保护重点区域。

以永定客家土楼为主体的福建土楼于2008年列入《世界文化遗产名录》。闽西客家十番音乐、长汀公嬷吹、闽西汉剧、客家土楼营造技艺、雕版印刷技艺、万应茶、闽西客家元宵节庆和石壁客家祭祖习俗等8项国家级非物质文化遗产代表性项目，另有35项省级和177项市级非物质文化遗产代表性项目，是客家文化之瑰宝，熠熠生辉。

据统计，在客家文化（闽西）生态保护实验区内，有各级文物保护单位412处、历史建筑427处。闽西还拥有众多传统文化生态保持较为完整的传统街区、村镇，有中国历史文化名城1个、中国历史文化名镇名村18个、中国民间文化艺术之乡7个、中国传统村落60个，福建省历史文化街区和名镇名村30个、福建省传统村落63个。

长期关注客家文化研究的张胜本在《闽西客家文化的形成发展与保护》一文中认为，闽西客家文化体现在如下一些方面：

客家方言。客家方言与客家民间文学息息相关，客家传说、故事、笑话、童谣、谚语、楹联、山歌等，反映了客家人的生活智慧和理想追求，是闽西客家人为人处世的道德准则和价值观念的体现。

客家宗族文化。建宗祠、修族谱，订家规、树家风，敬祖宗、祭祠堂，是客家宗族文化的物化体现。世界客属公祭长汀客家母亲河汀江大典、世界客属公祭宁化石壁客家公祠大典、上杭李氏大宗祠祭祖大典等是维系、联谊全球客家宗亲的重要载体。

客家民间信俗。有永定湖坑的做大福、大溪的关帝文化节、陈东的四月八，长汀、宁化的伏虎禅师信俗，明溪的惠利夫人信俗，清流的欧阳真仙信俗，连城的河源十三坊迎公太，上杭的田公元帅信俗，武平的定光古佛信俗等，客家信俗成为客家人精神生活的重要组成部分。

石壁祭祖

客家岁时民俗。有连城姑田的游大龙、罗坊水中走古事，永定的赛大鼓，长汀的闹春田、百壶祭，武平的上刀山下火海，上杭的稻草龙、花灯龙，宁化的淮土高棚灯、延祥花灯会，清流的长校拔龙、赖坊摆五坊，明溪的胡坊茶花灯信俗等，不一而足，广泛存在于生产、服饰、饮食、居住、婚姻、丧葬、节庆、娱乐、礼仪等方方面面。

客家传统建筑。永定客家土楼、汀州古城、培田古民居建筑群、赖坊古村落，以及众多廊桥、石拱桥等，与传统村镇规划、传统建筑营造技艺等共同构成了独特而丰富的闽西客家建筑文化。

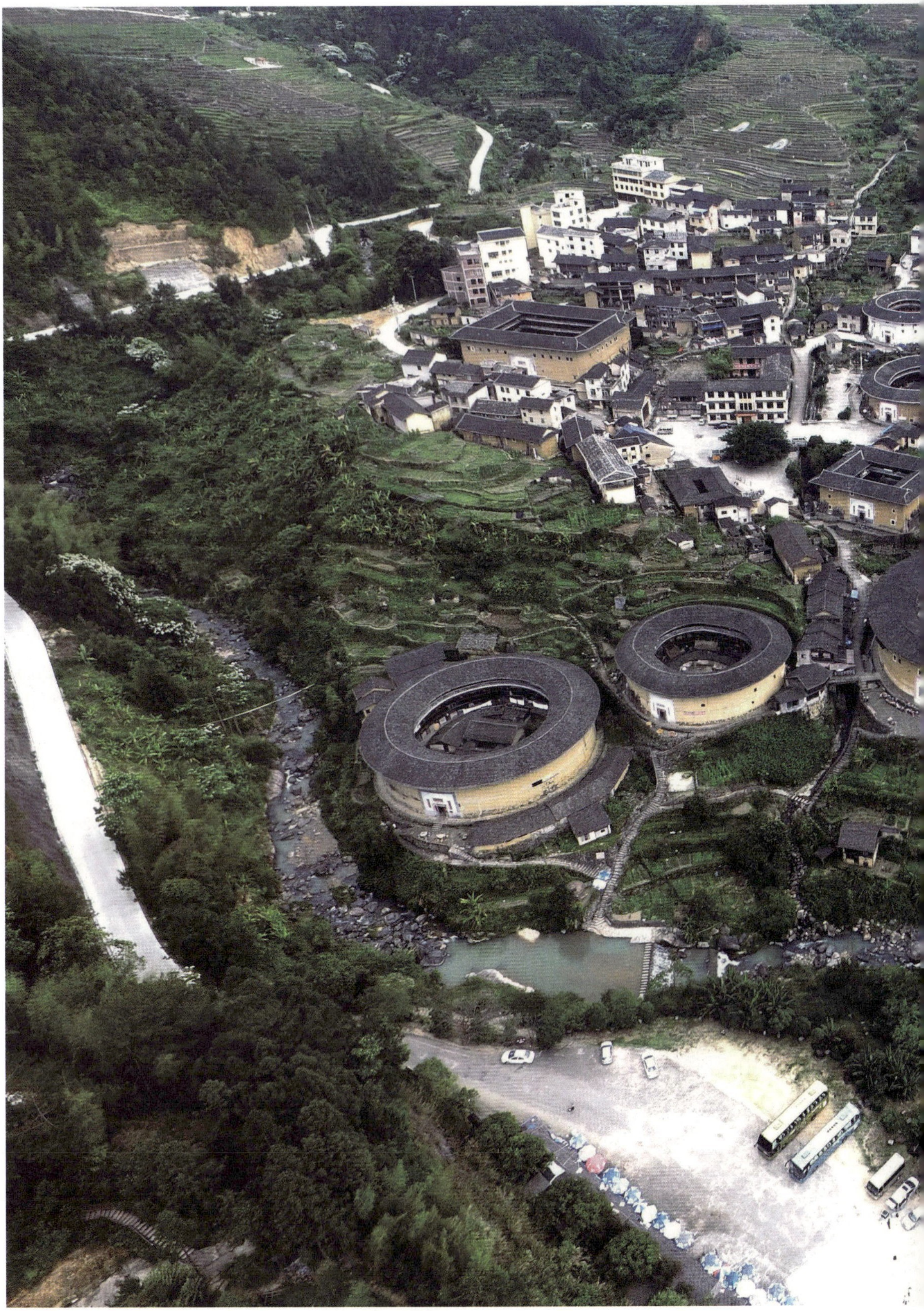

客家土楼

走古事

游大龙

　　客家传统工艺。闽西的古书坊群、雕版印刷、活字印刷以及连史纸和玉扣纸的制作技艺等，成为闽西客家人崇文重教社会风气与耕读传家生活方式的重要见证。

　　客家传统表演艺术。高腔木偶戏、乱弹木偶戏、闽西汉剧、宁化祁剧、采茶戏，以及客家山歌、客家十番音乐、公嫲吹，打船灯、舞龙灯、竹马灯，竹板歌、南词说唱等传统音乐、舞蹈、曲艺，构成了闽西客家文化多姿多彩的艺术形态。

　　客家传统饮食文化。闽西"八大干"、长汀白斩河田鸡、连城涮九品、武平捶

雕版印刷

鱼、上杭红烧槐猪肉、永定菜干扣肉，以及糍粑、芋子包、簸箕饭、擂茶、万应茶、客家米酒等，形成客家丰富多样、口味独特的饮食文化特征。

保护和传承好客家文化，是政府和社会各界的共同努力，也是海内外客属乡亲的共同心愿。

2022年初，三明市出台了《三明市客家文化（闽西）生态保护区行动计划（2021—2025年）》，它是在三明市《客家文化（闽西）生态保护区分规划》的基础上制订的。保护区内有市级以上41项非遗代表性项目和6项新增国家级、省级非遗代表性传承人项目，26项市级以上客家民俗类非遗代表性项目。保护区内有4个国家历史文化名镇名村、10个中国传统村落、3个中国民间艺术之乡、1个福建省历史文化名镇、16个福建传统村落、62处历史建筑。在这份"行动计划"中，三明市提出"培育非物质文化遗产特色文化旅游品牌"的总体思路，不失为文化为乡村建设、为文旅经济赋能的重要举措。"行动计划"提出：以客家定光佛、伏虎禅师、欧阳真仙、惠利夫人民间信俗；客家祭祖、清流赖坊摆五坊、清流里田公王祭祀习俗；延祥花灯、长校拔龙、胡坊茶花灯等节庆；客家石门山祁剧、清流客家三

225

客家民俗——千壶宴

角戏等传统戏剧；宁化牌子锣鼓、长校十番锣鼓、御帘宫廷打击乐——十二换等传统音乐；宁化古游傩、清流李家五经魁等传统舞蹈；清流赖坊武术（拳术）、北里李家武术等传统体育；宁化玉扣纸制作技艺、木活字印刷技艺、清流刻字技艺、明溪"闽王牌"宝剑制作技艺、明溪微雕技艺等传统工艺；客家擂茶、明溪肉脯干、嵩溪豆腐皮、宁化老鼠干、宁化客家小吃等传统制作技艺为载体，积极打造文旅融合品牌。同时提出以闽学文化体验、清流客家博物馆体验、宁化客家祖地文化体验为主线，打造三条客家非遗体验之旅线路。打造客家文化、红色文化、自然生态叠加的三大客家文化旅游片区。

龙岩市也始终走在客家文化保护的前列，自设立客家文化（闽西）生态保护实验区以来，先后制定实施《龙岩市优秀传统文化传承发展工程实施方案》《关于加强闽西客家文化建设的若干措施》《龙岩市客家文化（闽西）生态保护实验区三年行动计划》等政策文件。此外，还调研起草《龙岩市客家文化保护传承条例》《龙岩市客家文化生态保护区管理办法》等规章制度。客家文化保护成果显著，包括：着重抓好长汀汀州古城区客家山歌、连城罗坊走古事、上杭白砂客家木偶、永定下洋中川客家民俗等24个整体性保护示范点；在永定湖坑、连城培田和长汀古城区建立文化遗产展示区；设立44个非遗传习中心（所），制订相应传承计划，开展有关非遗保护项目和传承人的培训工作；策划推出"客家民俗风情体验"等7条非遗旅游精品线路等。同时，龙岩全面开展非物质文化遗产普查工作，对全市134个乡镇（街道）近2000个村的非物质文化遗产的种类、数量、分布状况以及传承人进行全方位普查，共收集非遗线索115852条、各类非遗项目36295个；以乡镇为单位结集出版了142本非遗普查成果集，其中，乡镇（街道）卷133本，县（市、区）卷7本，县直机关卷2本。"十三五"期间，龙岩编辑出版了《闽西非物质文化遗产大全》《历史记忆——闽西文化遗产（上、下册）》《闽西民风概览》《闽西汉剧唱腔集锦》《闽西经典民俗画册》《闽西民俗大观》等各类非遗类的正式出版物共105册，搜集整理各类非遗资料149册，抢救各类非遗影像资料121碟。目前，《闽西客家方言词典》编纂工作稳步推进。拍摄、制作完成了客家民俗访谈节目《客韵》、闽西客家风情系列片《客从何处来》、闽西客家姓氏源流专题片《客家族谱演义》、闽西客家歌舞节目《客家歌舞祖地行》以及反映闽西客家美食的纪录片《味传闽西》。

福建客家文化的保护与传承、创新与发展，将始终是客家文化（闽西）生态保护实验区主题。璀璨夺目的客家文化，也必将以其特有的视角，反映福建文化建设的现状与成效。

五、"主敬穷理、综罗百代"：朱子文化

在福建的文化禀赋中，朱子文化占据重要位置。

"东周出孔丘，南宋有朱熹，中国古文化，泰山与武夷。"孔子与朱子，是中国古文化的两座丰碑。朱子文化孕育于福建，传播于中国及世界各地，影响重大。文化大师克里弗德·格尔慈曾经说过，我们要研究那种具有全球意义的地方性知识。而朱子学、朱子文化正是这种具有全球意义的地方性知识。

2021年3月22日，习近平总书记来到武夷山朱熹园考察时指出："如果没有中华五千年文明，哪里有什么中国特色？如果不是中国特色，哪有我们今天这么成功的中国特色社会主义道路？我们要特别重视挖掘中华五千年文明中的精华，把弘扬

武夷山朱熹园

优秀传统文化同马克思主义立场观点方法结合起来,坚定不移走中国特色社会主义道路。"这深刻揭示出中国坚定的道路自信、理论自信、制度自信,是建立在中华五千年文明传承基础上的文化自信。中国特色社会主义植根于中华文化沃土里。

朱熹70余年的人生中,在闽北"琴书五十载"。朱熹从15岁起在武夷山五夫紫阳楼住了40多年。据传,紫阳楼前的那一方水塘就是当年他笔下的"半亩方塘",朱熹在闽北著书立说,精舍讲学,开一代理学学风。他在武夷山写成名作《四书章句集注》。

近年来,当地政府大力推动朱子文化遗存保护、文化研究、文化交流工作。2017年9月,《南平市朱子文化遗存保护条例》正式颁布实施,围绕打造"朱子文化生态保护区",着力实施"保护、学术、传播、教化、交流"五大工程。武夷山市先后对刘氏家祠、兴贤书院、五贤井、紫阳书堂、连氏节孝坊等文物古迹进行了修缮,对屏山书院进行遗址保护;延平区对损坏较为严重的重点文物建筑进行抢救性修缮;建阳区2015年启动考亭书院恢复重建项目,2019年9月,考亭书院项目一期工程建成。同时,朱熹墓安防工程等重点文保项目建设列入国家文物局2021—2022年度三防项目实施计划。

南平登记在册的朱子遗存 140 处，馆藏可移动朱子文物 23 件，其中由市政府公布予以保护的第一批朱子文化遗存有 69 处。目前，南平市 140 处朱子文化遗存正逐步得到保护和恢复，建阳考亭书院、武夷山朱子文化广场和朱子雕像、武夷山新紫阳楼、政和朱子书院等项目竣工，建阳考亭"大宋文化古街"投入使用。总投资 8 亿元、占地面积 250 亩的五夫朱子文化园及朱文公庙工程，正有序推进。

保护、维护朱子文化遗存是十分必需的；而如何传承、发扬好朱子文化则更为重要。

2022 年 4 月 22 日至 29 日，在朱熹出生地三明尤溪县开展了朱子文化宣传周活动，包括"朱熹回尤溪"诗文书法作品展、"朱子大家说"暨朱子读书会、朱子"开笔礼"、朱子社仓公益启动仪式、朱子文化进乡村讲座等多项活动，主办机构希望通过这些活动推动朱子文化进机关、进学校、进乡村、进社区，促进朱子文化创造性转化、创新性发展。

作为朱子文化的发祥地，福建最有责任传承、弘扬朱子文化。文化学者马照南在其《羽翼斯文看建州》一文中，生动描写了朱熹与建州的历史渊源，他说：建州，

游客参观朱子园武夷精舍

不仅成为纪念朱子的重要场所，也成为纪念朱子理学家建筑物最为集中、开展祭祀活动最集中最频繁的地方。

2022年9月9日，由南平市人民政府和建阳区人民政府主办的"明理崇德，尊师尚学——'朱子故里·理学摇篮'2022朱子敬师礼"活动在建阳考亭书院举行。在考亭书院集成殿，师生们致鞠躬礼，缅怀中华先贤。而位于五夫镇的武夷山市朱子学校每年教师节都会举行敬师礼。武夷学院在各院系开设朱子文化课程，"朱子文化十讲"被教育部评为"礼敬中华文明"思政课精品展示项目。每年，武夷山和闽北各地都有3万多名学生参加"成年礼""敬师礼"。南平市每年还举办朱子祭祀大典、中国（武夷山）朱子文化节、海峡两岸朱子之路研习营等活动。出台了《南平市朱子文化生态保护区规划》《环武夷山国家公园朱子文化旅游发展规划》《南平市优秀传统文化保护传承发展实施纲要》（初稿）。作为朱子文化传承弘扬的一项长远规划，"南平市朱子文化生态保护区"特别令人期待。

据不完全统计，福建各地与朱子相关的非物质文化遗产有1022项，不可移动文物116处，可移动文物15件。有朱子石刻60处，多处朱子手植樟树，朱子及师友门人后学创办的书院300所。"朱子祭典""朱子三礼"（成年礼、拜师礼、婚礼）等被列入《福建省非物质文化遗产保护名录》。武夷山武夷精舍、兴贤书院、朱子社仓、紫阳楼，以及建阳考亭书院、政和云根书院、延平书院、尤溪南溪书院等，形成了规模宏大的朱子文化基地群。如此丰富的朱子文化遗存，是福建宝贵的文化遗产。

如今，传承与弘扬朱子文化，已成为闽北乃至福建的一种自觉。朱子文化仰之弥高，这是福建文化之幸。厦门大学朱人求教授认为："化民成俗，教化天下，这是朱子最最强烈的现实关切，也是朱子文化的现实归宿。"对社会而言，文化不仅仅是形而上，它应该是成风化雨的精神滋养，是人们心灵的一种寄托。

六、"军民团结、艰苦奋斗"：红色文化

2021年3月25日，在福建考察的习近平总书记听取福建省委、省政府的工作汇报后，特别指出，福建是革命老区，党史事件多、红色资源多、革命先辈多，开

展党史学习教育具有独特优势。

　　福建省约80%的县域为革命老区苏区县——闽西是全国著名的"红军之乡""将军之乡";南平是"红旗不倒"的革命老区,全境"一片红";三明同样全域属原中央苏区范围,市辖10个县(市、区)均属于原中央苏区县、革命老区县……全省有3600多个革命基点村,已列入革命文物范畴的红色文化遗存遍布全省。2021年3月,福建省对外正式公布第一批不可移动革命文物1657处,其中全国重点文物保护单位19处,省级文物保护单位225处,可移动革命文物约14.26万件(套);毛泽东、朱德、周恩来、刘少奇、任弼时、邓小平、陈云、彭德怀、陈毅、叶剑英等老一辈革命家都在福建留下光辉的足迹。

游客在古田吴地红军小镇参观学习

　　十八大以来,福建红色文化在研究、保护、利用方面取得了巨大进展。福建省各地市纷纷出台相关政策,对革命老区、苏区的振兴发展、文化遗产的稳固提出了明确的要求,进一步保护了福建红色文化的厚底,牢固了革命老区的宝贵精神,以新时代为背景,强化艰苦、坚韧的革命意识,让在红色文化渲染下的八闽子弟增强文化自信。

　　2016年6月,福建制定了《福建红色文化保护、传承和弘扬工程实施方案》,方案从加强红色文化保护传承、深化红色文化研究整理、推进红色文化弘扬传播、

位于长汀的福建省苏维埃政府遗址

创作红色文化文艺精品、培育红色文化旅游品牌等五大方面,明确了福建红色文化保护、传承和弘扬工程的重点工作。

福建率先在全国开启革命文物保护立法征程,修订《福建省文物保护管理条例》,专列"中央苏区革命文物的保护"一章,还出台了全国第一部设区市保护红色文化遗存的实体性法规《龙岩市红色文化遗存保护条例》,《三明市红色文化遗址保护管理办法》和宁德市革命文物保护地方条例也相继出台,闽西、闽北、闽东革命老区均已出台地市层面革命文物保护地方条例。2022年11月24日,福建省人大常委会表决通过《福建省红色文化遗存保护条例》。这些条例和管理办法的出台,奠定依法保护革命文物的法制基础,促进革命文物保护利用工作走上规范化轨道。

2021年,全党开展党史学习教育。福建因地制宜开辟"第二课堂",推荐党史学习教育参观学习点、参观学习线路,推出百条红色旅游线路,包括"凝聚力量·闽西中央苏区百里红色朝圣之旅""砥砺初心·中央红军长征出发地之旅""风展红旗·如画三明之旅""绝密使命·中央红色交通线感悟之旅""红旗不倒·闽北中央苏区红色之旅""北上抗日先遣队·爱国情怀之旅""红色闽都·致敬峥嵘革命岁月之旅""花样漳州·赓续红色精神之旅""星火燎原·红色记忆之旅""闽东之光·红

游客参观古田会议会址

游客参观上杭毛主席纪念园

233

色文化之旅"等主题。各革命旧址、博物馆、纪念场所学习热潮涌动，红色研学、红色旅游蔚然成风。电视剧《绝命后卫师》《绝密使命》《绝境铸剑》等红色题材作品，掀起了福建群众观看红色文艺作品热潮，更是擦亮了福建红色文化品牌，生动再现了福建"红旗不倒"的光辉历程。

七、有"福"来"建"："福"建文化

"福"是中华民族对美好生活的期盼，"福"文化是中华传统文化重要组成部分，是中华传统文化的优秀基因。

福建是中国省区名中唯一有"福"字的省份，福建推广"福"文化当仁不让。福州之"福"肇始于市区西北面叫"福山"的地方。福州人对"福"字感受至深，用情至深；"福"字已融入、融化在福州人的日常生活中。福建传统"福"文化，有历史遗存的传统之"福"、闽籍先贤的文脉之"福"和百姓生活的憧憬之"福"。

从2021年开始，福建集中力量加强对"福"文化的宣传与传播。从福州、福清、福安、福鼎这些带有"福"的地名入手；从先贤朱熹提出"为善则福报，为恶则祸报，其应一一不差者，是其理必如此"，林则徐写下"苟利国家生死以，岂因祸福避趋之"的名句，林觉民《与妻书》抒发"当亦乐牺牲吾身与汝身之福利，为天下人谋永福也"等对"福"的学理性阐释和文学性叙述入手；从节俗文化、神祇文化、戏曲文化等入手；多渠道全方位阐述"福"文化。福，被赋予了多重意涵。

2022年9月8日，福建公布"福"文化创意设计大赛获奖名单，"福潮""福艺""福景"三个类别作品一、二、三等奖及优秀奖。一段时间以来，福建各地、各部门开展了多种多样关于"福"文化的推广、宣介活动，获得良好反响。上述"福"文化创意设计大赛就是一个重要举措，它使"福"文化的推广不仅仅停留在文字书面、认知与精神层面，而是走向更加广阔的现实，深入人们的日常生产、生活，对"福"有了更加直观可感的认识、更为功用的形象表达。

当然，我们在对"福"进行从抽象到具象的表达的同时，也时刻不忘追求"福"的艰辛。幸福生活需要我们在创造中不断进取、追求，以坚忍不拔的精神气质完成自身本质力量的实现与转化，最终得到它、拥有它。

福州手写春联店铺展示的"福"字春联

地铁上的"福"文化

"福"文化之外,无论是妈祖文化、客家文化、海丝文化,还是朱子文化、闽南文化、船政文化,对外、对台交流都取得重要成果。类似两岸书展、海外文化驿站等,成为品牌载体。而福建省炎黄文化研究会、林则徐历史文化研究会、福建省客家文化联谊会、闽都文化研究会等社团组织,也为福建文化建设发挥了重要作用。

2014年,"首届闽派文艺理论家批评家高峰论坛"在福州举行,共有闽籍和在

《福建文献集成初编》200 册于 2020 年 11 月由福建人民出版社出版

闽工作的 60 多位文艺理论家批评家与会，引起文学界高度关注。次年 9 月，"2015 闽派文艺理论家批评家高峰论坛"在北京举办。"闽派批评"之所以引人关注，就是因其以全国性视野引领文艺理论批评的潮流，并成为中国文学理论和中国文学批评的高地。

体现一地文化之兴盛，文献是重要的载体。地处东南一隅的福建，唐宋之后在经济、文化上取得长足进展，乃至后来居上，学者云集，反哺华夏，尤以宋代"闽学"对中原文化影响至深，产生了众多彰显地域特色与历史风貌的著述，赢得"海滨邹鲁""文献名邦"美誉。福建省委、省政府高度重视保存乡邦文献，留住历史记忆，于 2016 年将《八闽文库》列入福建省"十三五"规划文化建设重大工程，计划用 10 年时间对福建省历代文献典籍进行大规模、系统化的全面调查、整理、出版，预计推出 1650 册纸质图书和集成人工智能信息处理等技术的数字产品。其中，纸质图书由"文献集成""要籍选刊""专题汇编"三部分组成。依托于纸质图书内容，后续将深度数字化加工，推出电子书、古籍数据库、网站、移动端 APP 等数字产品。2020 年 12 月 2 日，《八闽文库》第一辑《福建文献集成初编》200 册全球首发，意味着《八闽文库》首批成果正式问世。

十年来的福建文化建设成果，是多面向的。创新、获奖，以及文化赋能产业发展，推动文旅经济进步，都值得写上一笔。中国电影金鸡奖落户厦门，丝绸之路电影节福州承办，它们以宏大的叙事能力，证明了福建在文化产业建设上的恢宏视野和"野心"。

文化赋能产业发展是当前热门话题。2022 年上半年，福建省 3472 家规模以上文化企业实现营业收入3275.8亿元，同比增长8.5%。而在过去十年的文化产业发展中，福州、厦门等地，都积蓄了爆发的力量。

——截至2021年底，福州市共有规模以上文化企业近千家，其中数字文化相关企业占一半以上。网龙公司连续三年入选"全国文化企业30强"，天之谷等10多家动漫企业获国家动漫企业认定，福昕软件等9家企业入选国家文化出口重点企业，星网视易在嵌入式数字娱乐领域位居全国前列。

——厦门软件园大力发展动漫游戏、创意设计、影视创作、新闻出版、教育培训、短视频、网络直播和互联网知识社区等领域，入驻文化企业中，规模以上企业有31家，营收5000万元以上企业有16家，营收亿元以上企业有10家。

2021年11月26日，时任福建省委书记尹力在中共福建省第十一次党代会上论及过去五年"文化强省取得丰硕成果"时说，福建"成功举办第四十四届世界遗产大会，鼓浪屿、泉州列入世界文化遗产名录，万寿岩遗址成为国家考古遗址公园。长征国家文化园（福建版）规划建设稳步推进。县级融媒体中心全部建成。创作播出《山海情》等一批优秀文艺作品，金鸡奖落户厦门举办。城乡公共文化设施更加完善，全国文明城市数量居全国前列。我省运动健儿在东京奥运会、第十四届全运会上取得历史最好成绩，全民健身运动蓬勃开展"。

福建文化建设接续发展，永不停步。2021年3月发布的《福建省国民经济和社会发展第十四个五年规划和二〇三五年远景目标纲要》提出，

百福图

要"推动文化繁荣兴盛,加快建设文化强省"。

在福建省第十一次党代会的工作报告中,对"文化强省"建设提出了明确的要求——用好世遗大会成果,提升文化和自然遗产保护利用水平,实施福建优秀传统文化传承发展工程,推动朱子文化标识体系。实施文艺作品质量提升、文化惠民等工程,推动城乡公共文化服务一体化发展,不断满足人民文化生活新期待。深化文化体制改革,加快文化产业发展,培育壮大新型文化业态和消费模式。发挥金鸡奖等带动效应,推动厦门、平潭、泰宁等影视基地联动发展。深化对外文化交流合作,让更多福建文化走出去。

美丽中国、美丽福建,不是光种几棵树、盖几栋大楼、铺几条路,就能美丽起来的,真正的蜕变,更重要的还在于一个地方的文化教育、开放包容、文明友善和百姓的家国情怀。

变与不变,考验着执政者,也考验着人们的智慧和远见。

让我们高擎文化之火,照亮前行的道路。

第十章

有福共享

十年来，福建坚持共享发展，人民生活品质不断提高。2021年，全省城镇居民人均收入5.1万元，居全国第7位；农村居民人均收入2.3万元，居全国第6位。养老保险、医疗保险等社会保障体系建设加快推进。教育支出年均增长8%，在全国率先实现所有县义务教育发展达到基本均衡要求。全省居民平均寿命78.8岁，三明医改经验在全国推广。公共文化服务更加普及，社会治理持续完善，平安建设走在全国前列。人民群众安居乐业，获得感幸福感安全感更加充实。

一、别了，棚屋区

2021年12月6日，福建省第十一届党代会产生的新一届省委常委班子成员开展的第一次集体活动，就是深入福州市台江区苍霞新城调研。

一面古色古香的墙上，两列红色大字赫然在目：

请给群众捎个话，政府会把好事办好。

习近平 2000年7月2日

13位省委常委站成一排，立此存照，目的显然是向总书记看齐，以志将来。恰如时任省委书记尹力所说：当前苍霞的新城新貌，凝结着习近平总书记对人民群众的关心关怀，体现着矢志不渝的初心坚守和念兹在兹的为民情怀。

苍霞不大，只有一平方公里多点，却因地处福州上下杭——曾经的"海丝"之路，见证了早期福州与世界的贸易接轨，也见证了八闽早期的商贸繁华。除了商贸文化，这里还有以疍民为代表的闽江下游水上居民文化、以苍霞精舍和青年会为佐证的近现代中西方交融文化，以及以民主革命时期闽江地下航线为脉络的红色文化。苍霞新城就毗邻着这片历史文化街区，商业网点密集、交通四通八达，20年前却是连片的棚屋区，堪称是"纸褙福州城"的缩影。

年过花甲的唐庆旺是苍霞社区的"活地图""活字典"，老两口住在苍霞新城一套60平方米的单元房里，对曾经蜗居棚屋里的日子记忆犹新，也愿意跟每一个有兴趣倾听的人忆苦思甜，分享幸福，感念党恩。

那时他所在的一幢两层木屋只有130平方米，却住着7户人家27口人，他一家7口人挤在8平方米狭小低矮且有点倾斜的破屋里。棚屋区年久失修、潮湿闷热、隐患突出，让人提心吊胆，刮风怕，下雨怕——常常"水漫金山"，火灾更怕——"火烧连营"！

转机出现在2000年7月2日——对了，就是那面墙上写的时间。骄阳似火的

台江亚峰新区改造后焕然一新

中午,时任福建省省长习近平走进了老住户唐庆旺蒸笼般闷热难耐的棚屋,一待半小时,问了他一家的生活,再问对棚屋区改造的想法。唐庆旺说群众都希望能住上宽敞整洁的单元房,就是大家都没什么钱,希望在价格上要让大家承受得起。唐庆旺和许多人都看到了省长满头的汗珠,听到了省长毫不含糊的表态:请给群众捎个话,政府会把好事办好。

一场有相关部门和棚屋区群众参加的现场会在当天下午召开。时任苍霞街道党工委书记陈永辉和许多人都记得省长语重心长的一番话:改革开放都20多年了,我们的老百姓还居住在这样的环境。我们的政府,前面是人民,是人民政府,大家要记着人民两个字。我们政府不仅要锦上添花,更要雪中送炭,要把群众的疾苦挂在心上,要把群众的安危挂在心上。大家知道为什么要选在这个时候来棚户区调研吗?就是想让大家亲身体验百姓疾苦,将心比心,加快棚改步伐。省政府全力支持福州市棚屋区改造,先从省长基金中拿出1000万来专款专用,一定要把群众的事情办好。

8天后,苍霞棚屋区改造工程启动。一年后,这个当时福州市规模最大的棚屋区就改造成为一片新城，包括唐庆旺在内的3441户居民近万人兴高采烈地回迁。

以此为开端，福州市先后筹资40多亿元，新建扩建了20多条市区主干道和上百条街巷，建成居民住宅636万平方米，使城市绿化面积从1985年的269万平方米增加到2020年底的1000多万平方米。

"总书记的为民情怀，体现在为苍霞人民办实事、办好事的风范里。"连唐庆旺这样的"依伯"（福州话对老人的尊称）都有这样朴素的认识，更何况苍霞街道党工委及市区领导们。他们对新时代下社区如何治理、以人民为中心该如何体现的问题，给出了答案。

2014年，台江区共建共享的社区治理模式在苍霞先行探索。历时两年，苍霞新城以全新面貌呈现在市民面前，还成为著名历史文化街区上下杭的延伸部分。2019年，台江区政府印发了《台江区老旧住宅小区整治提升工作实施方案的通知》，据此治理和改造，包括苍霞新城在内的39个老旧小区的居住环境焕然一新。

2021年12月6日，呈现在新一届福建省委常委班子面前的苍霞新城，就是这样一个有颜值担当的文明模范社区。尹力调研后表示：我们要向习近平总书记对标看齐，不忘初心、牢记使命，自觉践行以人民为中心的发展思想，始终保持同人民群众血肉联系，为老百姓多做"雪中送炭"之事，解决好群众急难愁盼问题，扎实推进共同富裕。

二、同一片蓝天

城市越来越大，人口越来越多，如何让广大居民有更多的获得感、幸福感，考验着城市管理者的智慧和远见。

闽江下游的福州，"山在城中，城在林中，人在绿中"，广大市民一出家门就能亲近自然。但多年来，福州深受内河污染的困扰。多年治污，多年反复，有时维系不了一两年就被打回"原形"，水质在间歇性中周而复始地恶化。治本问题刻不容缓。2017年，福州以前所未有的力度整治内河，摸清症状源头，对症下药，六大水系107条内河迎来全面"手术"，在清淤500万立方米后，铺设永久截污管297公里，相当于绕行福州二环路十圈半，从而解决久受诟病的污水直排问题。福州市还

福州江滨公园

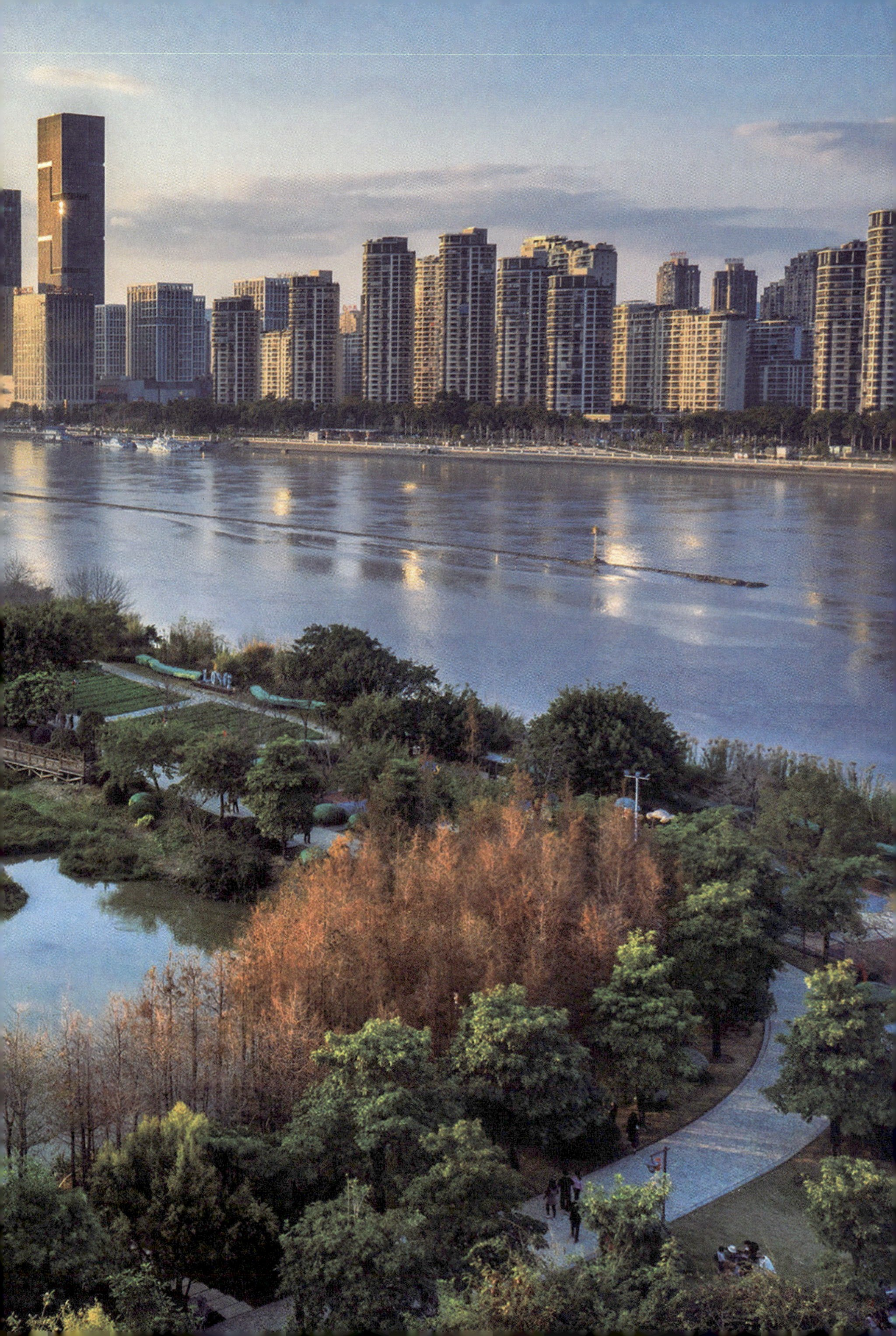

对四城区 2563 公里排水管网进行地毯式排查修复，三座污水处理厂的提标改造工作也被限定在 2018 年上半年完成，改造后，全市五座污水处理厂出水全部达到一级 a 排放标准。凡此种种手段，只为一个目标：到 2019 年，实现福州城市水环境的长"制"久安。

时间紧，工程量大，加班加点成为福州市城乡建设委员会特别是城市给排水处

福州西湖

干部和相关工程师们的常态。而对施工企业来说，即便到了2019年也没有一劳永逸。此次整治，福州市通过招标方式，让企业成为治理主体，施工完成后还要承担维护之责，为期15年。每年水质考核都合格，最后才能把原来的工程投入以及相应的回报全部收回来。这改变了过去内河治理重建轻管或只建不管的模式。

内河治理，从治标到治本，彰显出执政者的远见和以人为本的情怀，也折射出有福之州居民的幸福指数。

类似的，厦门筼筜湖的成功治理，不仅让市民们朝夕间饱览秀色，也让外地游客叹为观止，在流连忘返间共享其美。

曾经的筼筜港，与海相连。上世纪70年代修堤围海造田，这片内湾渔港变成了内湖。随着城市发展、人口增加，筼筜湖的生态环境逐渐恶化，湖水发黑发臭，飞禽、鱼虾几近绝迹，成了令人望而生畏的臭湖水。

现在的筼筜湖，碧波荡漾，白鹭翱翔，已成为厦门的城市绿肺和城市会客厅。这些年环境持续变好，水里的动物也多了。每天中午时分，筼筜湖西堤闸门常聚集上百只白鹭。随着潮汐变化，一天两次高潮位纳水，低潮位排水，不但增加筼筜湖水自净的功能，也引来了白鹭在这里觅食、嬉闹。和白鹭一起守候的，还有观鸟爱好者和摄影爱好者。来自天南地北的观鸟爱好者不由分说、乐此不疲地帮筼筜湖管理处统计白鹭的数量和种类。

厦门筼筜湖

　　而风光旖旎的木兰溪真正成为莆仙人民心目中的母亲河，给沿溪两岸百姓造福，不争地起始于1999年。

　　莆仙地区所在的兴化平原，是福建省第三大平原，很长一段时间以来，木兰溪沿岸村民虽然守着肥沃的冲积平原，却因水患频仍，生产生活深受其害。时任福建省委副书记、代省长习近平看在眼里，在1999年亲自规划，亲自参加劳动，全面展开对木兰溪的综合治理。20多年下来，久久为功，遵循科学治水的理念。如今，木兰溪水清兮，"可以濯我缨"，木兰溪水安兮，"可以濯我足"，曾经不安分的浊流恶浪，妥妥地成了幸福之源。

　　习近平总书记强调，"一茬接着一茬干""功成不必在我"，福建记得，世界记得！

　　生态治理，从来就不是一朝一夕的工程。享受美好生态带来的福利，进而守护生态之美，更需要一代代人的共识、智慧和努力。

　　马克思说过："社会的提高就是人类对美的追求的结晶。"

还在延安时期,毛泽东在张思德追悼会上提出了为人民服务的宗旨,指出共产党就是为民族、为人民谋幸福的。

党的十八大后,习近平率新一届中央领导集体首次公开亮相时,这样向世界传递全党的决心:"人民对美好生活的向往,就是我们的奋斗目标。"2018年元旦,习近平总书记在发表新年贺词时提到,"幸福都是奋斗出来的",并再次提出应该努力"让人民生活更加幸福美满"。

幸福无法千篇一律,但人民群众在哪方面感觉不幸福、不快乐、不满意,党和政府就往哪方面下功夫。福建各级党组织和政府遵循这一朴素的执政情怀,响亮地回答了时代之问。

改革开放四十多年来,农村生产力的解放,大量剩余劳动力的出现,使得大量农村劳动力向城市转移。摆脱贫困,一个都不能落下;让每一个孩子都有接受教育的机会,更是一个都不能少。

临近中午,吴光法来到福州市晋安区鼓山中心小学校门口接放学的女儿诗琪回家。2018年,小诗琪通过电脑派位摇号的方式进校就读一年级,而这所学校也是吴光法为女儿选择的第一志愿。因为住所与女儿就读小学,走路不需十分钟,接送小孩各方面都显得特别方便。

吴光法来自宁德霞浦县,在福州做水产生意已有五六个年头。一家三口在省城生活,除了赚钱养家,孩子的教育最让他费心。为了能让女儿在福州读小学,他早早就开始着手准备。

鼓山中心小学位于城乡接合部,附近生活着大量外来务工人员。2018新学年,包括吴诗琪在内,总共有140多名随迁子女适龄儿童,通过电脑派位摇号的方式进入这所学校就读。而六七年前,随迁子女

厦门筼筜湖白鹭纷飞

要进公立学校读书，难度还相当大。

　　变化开始于2011年，福州市通过电脑派位摇号的方式，让符合条件的适龄外来工随迁子女能顺利入读公办小学，享受和城市儿童一样的教育资源和学习机会。政府的投入自然不小，光这个片内的学生和随迁子女，都按每个学生850元的生均经费拨到所在学校，在同一片蓝天下，享受同一待遇。

　　伴随着社会经济发展的脚步，人们不仅希望孩子"有学上"，更盼着能"好上学""上好学"。为了满足人民群众不断增长的高质量教育需要，福建的教育事业也在不断向前推进：越来越多真金白银投入教育领域，教育资源更加优质均衡，教育机会更加公平。

莆田木兰溪

三、让人民满意

福建的双拥共建工作一直走在全国前列，是全国唯一所有设区市连续五届获评双拥模范城（县）的省份。

这一份殊荣的背后，人们当记得1991年1月全国第一次双拥工作会议在福州召开期间，时任福州市委书记习近平作《军民情·七律》所表达的"爱我人民爱我军"的鱼水深情和"闽山闽水物华新"的美好愿景；记得他担任中共中央总书记、国家主席、中央军委主席后主持召开"新古田会议"之于军队政治工作和强军目标的重要意义；记得他在福州工作期间倡导"马上就办"、推进军民融合发展的华章。

福州东部办公区，楼顶上写着"马上就办 真抓实干"8个大字

在福州市委大院前、东部办公区大楼上，8个红色大字格外醒目——马上就办、真抓实干。

1990年5月的一天，刚担任福州市委书记不久的习近平，赶到福州市郊五凤山脚下。解放军某师师部奉命迁来后，在这里临时搭建了野战帐篷。面对部队随军家属落户和子女入学等一系列现实困难，习近平当即表态，部队的事情要特事特办，马上就办。

部队的实际困难迅速得到解决之后，"马上就办"的清风，马上从五凤山下的军营吹到了党政机关。

习近平经过调研指出，福州要为改革开放提供一个良好的软环境，这就需要提倡一种满负荷的精神，反对拖拉扯皮和人浮于事，提高办事效率，要大力提倡"马上就办"的工作精神，做到今日事今日毕。

在此要求下，福州实行投资项目审批"一栋楼办公"，各部门办事窗口集中在一栋楼，投资项目审批做到"马上就办"。如此这般，原先审批一个项目要盖130个公章，最后简化成7个，福州掀起了提升政府效率的热潮。

福州市各级行政服务中心的政务大厅统一开设"办不成事"受理服务窗口，受理内容为：办事群众在线上或线下提交办事申请后未能实现成功受理、成功审批或群众多次来大厅未能解决问题的政务服务事项

福州行政服务中心在全国首创了办事服务承诺时限以"小时""分钟"为单位进行计算的先例。加上整合统一了公共资源平台，市民在一栋楼里就能解决很多事情。

民有所呼，我有所闻；民有所呼，我有所为。

"马上就办"，提倡了一种精神，体现了以时不我待的紧迫感、狠抓落实的责任感、勤政为民的使命感，以及饱满的工作热情和明快的工作效率。

马上就办，件件落实。这是福州市12345便民服务平台自2003年开通至今的为民服务常态，"12345，有事找政府"已成为榕城百姓熟知的口头禅。

从2016年开始，12345智慧平台整合了13条市属热线、119条专线，以及5条省属热线，实现了12345一号受理，系统进行接听和批转。福州市"智慧福州"管理服务中心有40多位坐席员,一天三班倒,最累的是晚班,从晚8点到第二天早上8点,不能有一丝懈怠,每人每天接收的诉求量动辄过千件。如果同一个诉求,重复多次而只是推诿、扯皮、敷衍,没能得到有效处理,或工作中出现权属不清、多头管理的问题,负责监督的效能办就要介入处理。这也是"智慧福州"在工作中独创的兜底处置规范化,确保"事事有着落"。

"没有全民健康,就没有全面小康。"老百姓哪个不希望不得病、少得病、不得大病,快快乐乐地生活工作?这是全民心目中的健康概念。新世纪以来,福建勇啃体制机制"硬骨头",医疗保障工作一直走在全国前列,创造了许多第一。2011年,全省基本实现全民医保。这其中,三明医改成为中国医疗卫生体制改革的先锋。

从2012年开始,三明市从群众反映最强烈的"看病难、看病贵"入手,首创性实行医药、医保、医疗"三医联动"综合改革,把以治病为中心转变为以人民健康为中心,公共卫生体系不断完善。2016年,"三明医改模式"得到中央全面深化改革领导小组第21次会议的肯定,并作为重要经验推广,也助力"健康中国"建设稳步推进。

民以食为天,吃出健康、吃出幸福也是天大之事。早在福建省省长任上,习近平就铿锵有力地指出:餐桌污染问题若得不到解决,我们就无法向全省人民交代,就意味着失职。

福建打响的治理餐桌污染这一战,比全国从2004年起每年开展食品安全专项整治行动提前了三年。

"学有所教""病有所医""老有所养",这是改革者的初心。口惠而实至,让人人切实享受到越来越多的红利,让幸福指数节节攀升中看得到摸得着,而不是飘然无影,才能真正得民心、顺民意。

当人民日益增长的美好生活需要和不平衡不充分的发展之间的矛盾,已经成为社会的主要矛盾时,只有不忘初心,才能让改革继续前行,发出绵延的回声。

所有的文明,都源自人民对美好生活的向往,与一个时代的生活质量休戚相关。许多创新的案例,从文明福建走向文明中国。

四、花儿一唱幸福来

跻身为全国十大历史文化名街的福州三坊七巷，在给榕城百姓带来幸福感和自豪感时，也成为一张能让中外游客"有福共享"的名片。这里还特别留下了著名黄花岗英烈林觉民"为天下人谋永福"的誓言，与更早前林则徐掷地有声的"苟利国家生死以，岂因祸福避趋之"前后呼应，一同成为中国共产党人接力传承、弘扬光大的家国情怀、精神内涵。

1842年，以虎门销烟壮举反抗英军侵略、掀开中国近代史的民族英雄林则徐，到达新疆伊犁。在新疆三年多时间里，林则徐兴修水利、勘察土地、屯垦边防，他所修"皇渠"1966年改称人民渠，至今还在造福伊犁各族人民，被亲切地称为"林公渠"。中国共产党诞生之初，就把"为中国人民谋幸福，为中华民族谋复兴"作为自己的主义，执政后一直都在褒扬林则徐的爱国精神。上世纪末，中共中央决定实施援藏、援宁、援疆后，福建对口支援新疆的目的地正是林则徐当年到过的昌吉回族自治州。作为全国省份中唯一以"福"命名的福建，在改革开放的春风中先富起来后，不忘"有福共享"，就此分期分批分头踏上了"送福"长路。

如果说林则徐是福建第一任"援疆干部"的话，那么，他在天之灵也会为家乡的援疆清单喝彩：1999年至2022年，福建省23年间共分批选派各类干部人才4000多人进疆工作；财政安排援疆资金近60亿元，实施援疆项目795个；为昌吉州引进产业项目300多个，到位资金400多亿元。福建援疆，创造出了无愧于新时代的业绩，在从"海丝"到"陆丝"风雨无阻的万里送福中，在天山铭刻下一种特殊的精神印记。

2022年4月23日，时任福建省委书记尹力率福建省党政代表团到新疆考察对接对口支持工作，维吾尔族同胞情不自禁地弹起了心爱的冬不拉，唱起了自编的歌曲："欢迎远方的客人，欢迎福建来的客人……"

离开新疆后，福建省党政代表团马不停蹄奔赴西藏昌都市，推进落实福建援藏各项工作，深化闽藏对口支援。

20多年来，福建始终把对口援藏作为义不容辞的责任，积极主动作为。正如时任西藏自治区党委书记王君正所说：福建历来高度重视援藏工作，在经济援藏、民

泉州市援建的昌都市洛隆县藏医院

生援藏、文化援藏、智力援藏等方面做了大量工作，为促进西藏长治久安和高质量发展作出了重要贡献。

按照中央部署，自2016年7月起，福建对口支援西藏地区从林芝调整到更为艰苦的昌都。昌都是脱贫攻坚之初西藏贫困人口最多、脱贫难度最大、扶贫成本最高的地区。福建省一期期对口援藏犹如一次次不掉链子的换岗，接力棒到福建省第九批援藏队手中后，对口支援的八宿、左贡、洛隆、边坝四个县全部成功地退出贫困县，为昌都市基本消除绝对贫困发挥了重要作用！

从脱贫攻坚转入乡村振兴后，福建援藏队又积极帮助受援地健全防止返贫动态监测和帮扶机制，大力推广福建"美丽乡村"建设经验，打造出一批具有福建特色的乡村振兴示范点，在全国17个援藏省（市）中，福建成为受到党中央、国务院表彰的"全国脱贫攻坚先进集体"的两个省份之一。同时，福州、厦门、泉州、漳州、龙岩5个设区市援藏队及福建援藏医疗队还全部荣获了西藏自治区"全区脱贫攻坚先进集体"表彰。

据统计：从1995年对口援藏以来，福建省先后选派了9批530名援藏干部人才……不是每一只雄鹰都能飞越雪山，不是每一片陆地注定都有沉浮，不是每一个人都能援藏。这些放弃安逸和幸福而肩负使命、解民忧惠民生的援藏人啊，是藏族同胞眼中的"福星"，这些"福星"从零海拔的东海之滨飞越海拔三千米以上的雪域高原，让藏区百姓读懂了"福如东海"。

2021年10月4日，《人民日报》刊发《高原之上，青春无悔》一文，其中写道：

援藏是思想的修行，是心灵的升华。这段岁月好慢，慢到亲人们似乎已经习惯了他们的缺席；这段岁月好静，静到他们能听到自己拔节成长的声音。

世界屋脊上千年的跨越，不易！每一位勤恳工作的在藏和援藏干部，都有着太多令人感动泪流的故事。他们无惧雪崩、暗冰、泥石流、塌方、落石，顶着日月星辰奔走在高原之上。

援藏队员的一次次停留，是爱上了这块神秘而多彩的土地，恋上了广袤的草原和美丽的格桑花，还是迷上了热情高亢的锅庄舞和浓烈香甜的青稞酒、酥油茶？每个人都会有自己的答案，不会因为走得太远而忘了自己何以出发！

3月，又一批48位专业技术人才从福建进藏，他们中80后近一半。

一位队员说：当我老了，一定会经常翻开相册，抚摸这些年的援藏岁月，给孙辈讲述这最美的经历……

"脱贫攻坚，全国一盘棋；全面小康，决定在合力。"在党中央、国务院的统一部署下，福建从"两个大局"出发，以高度的政治责任感持续扶贫西藏、新疆、宁夏。雪域高原、天山脚下、戈壁滩上，一批又一批福建干部真心奉献，数以千计的闽商在助力开发，这里处处绽放着精神之花。

"你从八闽大地走来，带着海风，带着温暖，几回回梦里回到六盘山，闽宁情谊割不断……"这首新编歌儿，道出了宁夏人民对福建援宁群体质朴的感激之情。

20多年来，福建累计派出12批206名援宁干部、3800名专技人才，累计投入财政资金39亿元，助力宁夏经济发展、社会进步、民生改善、民族团结。数字背后的付出，播撒的春风，感天动地。

反映福建援助宁夏的电视剧《山海情》作为中央广播电视总台2021年的开年大戏热播后，剧中片尾曲传遍全国各地："东南风吹西北暖，那年你到咱家来，拔掉穷根把花栽，美得哟，沙漠变花海！花儿一唱天下春，花儿一唱幸福来，干沙滩变成了金沙滩，再唱花儿等你来……"

这首歌是唱给福建援宁群体的。在福建强有力的支援下，贺兰山下的闽宁镇从

闽宁产业园奠基

无到有，从一片戈壁荒滩到"塞上江南"、生态移民示范区，发生了天翻地覆的变化。距离闽宁镇三百公里之远、六盘山下的固原市，福建元素也越来越缤纷多彩，这些年培育出的脱贫富民产业，都深深烙刻着闽宁对口协作的真情实意。

歌词里的"花儿一唱幸福来"也可以改为"草儿一种幸福来"，因为在宁夏干沙滩里种下的来自福建的菌草，长出的蘑菇比花还好，帮助一批批百姓迅速脱贫致富后，被赞誉为"幸福草"。电视剧《山海情》中这位广种"幸福草"、名叫凌一农的农技专家，原型是国家菌草研究中心首席科学家、福建农林大学教授、"菌草之父"林占熺。

连习近平总书记都记得这事。2021年11月21日，《人民日报》头版头条的大标题抢人眼球，"我就派《山海情》里的那个林占熺去了"，习近平总书记在两天前召开的第三次"一带一路"建设座谈会上，介绍了他担任福建省省长时，向来访的巴布亚新几内亚东高地省省长推荐菌草技术并派出技术发明人林占熺援助的往事。

人们这才开始知道，菌草是在习近平总书记的推动下，为闽宁协作打开了一扇门,并走出国门对外扶贫,"点草成金",惠泽天下。

20世纪90年代,林占熺发明的菌草技术获得国际金奖后,他没有靠卖专利来实现个人迅速致富的机会,还放弃了来自美国的高薪邀请,而走上了"发展菌草业,造福全人类"的漫漫长路,几十年如一日,"虽九死而其犹未悔",担负起脱贫攻坚、生态治理、构建人类命运共同体的使命,年近八十还在世界各地种草种福。他影响的不仅仅是一个地区、一个产业,他给世界101个国家带去了一条摆脱贫困的出路。林占熺发明的菌草技术和袁隆平的杂交水稻一样,已然成为中国援外的两大名片。林占熺像实验室里色彩鲜艳的菌草一样,绽放出了自己独有的光彩,谱写了生命的华章。其人其事深深感动着世界。

2020年7月,中宣部决定授予闽宁对口扶贫协作援宁群体"时代楷模"称号,林占熺作为代表上台领奖。继而,林占熺被评为"全国脱贫攻坚先进个人""全国优秀共产党员""2021年全国'最美教师'"。

林占熺教学生辨别菌草

理想永远离不开实实在在的行动。林占熺在行动，逐梦的脚步至今铿锵有力，每一步都焕发着惊人的力量。

每一个时代都有鲜明的标杆人物，他们用热血和生命诠释忠诚、信仰、人生价值。这些恰似菌草般具有非凡意义的东西，正是一代代人需要仰望追寻的精神高地。

五、幸福都是奋斗出来的

"人民对美好生活的向往，就是我们的奋斗目标。"中国共产党执政以来，向着这个目标不断前进，代表着中国最广大人民的根本利益，造福不止。"火车跑得快，全靠车头带"，各级党员领导干部就是这样的"车头"、时代先锋。

在福州市委书记任上，习近平曾作《念奴娇·追思焦裕禄》，词曰："魂飞万里，盼归来，此水此山此地。百姓谁不爱好官？把泪焦桐成雨。生也沙丘，死也沙丘，父老生死系。暮雪朝霜，毋改英雄意气！依然月明如昔，思君夜夜，肝胆长如洗。路漫漫其修远矣，两袖清风来去。为官一任，造福一方，遂了平生意。绿我涓滴，会它千顷澄碧。"诗言志，词咏怀，字里行间透露出人民公仆"一心一意为人民"的赤子情怀。担任中共中央总书记后，习近平曾多次称赞"县委书记的好榜样"谷文昌。

2019年10月19日，海外华文媒体代表参访东山谷文昌纪念馆

外地人来到福建东山，在尽情赞美这个美丽海岛时，想象不出一个甲子前这里几乎是不毛之地，风沙肆虐，民不聊生。时任东山县委书记的谷文昌，发誓"不制服风沙，就让风沙把我埋掉"，率领全县军民十年如一日，在荒岛上筑起了感天动地的绿色长城。谷文昌生前一心一意为老百姓办事，逝世多年后，当地百姓逢年过节是"先祭谷公，后拜祖宗"。

谷文昌的精神烛照八闽大地，广大党员和领导干部忠诚在心、为民谋福，感人事例层出不穷，推动着平安福建、社会治理和各方建设稳步向前。在空军驻漳州某部担任旅长的林上斗，一直以谷文昌等人为楷模，2015年退役后婉拒企业的橄榄枝，回到家乡尤溪县梅仙镇半山村担任党支书，把曾经村容残败、村财负债的典型落后山村转变为"全国乡村治理示范村"，他本人也因此获得全国"最美退役军人"称号及全国道德模范提名奖，至今还冲在乡村振兴的最前线。

2022年9月6日，一部反映"七一勋章"获得者、福州市鼓楼区军门社区居

军门社区

委会书记林丹事迹的《"小巷总理"——林丹的故事》新书分享会，引来如潮人群。人们感动和感兴趣的不只是林丹何以在平凡的岗位上获得党内最高勋章，还有她如何几十年如一日从群众中来到群众中去、做"人民满意的社区工作者"，进而在她"成如容易却艰辛"的人生里，思考大爱、思考忠诚、思考奉献和牺牲，激励自己不甘平庸，靠实干、靠拼搏赢得美好未来，并为实现人民群众对美好生活的向往不懈努力。

人生的壮美，不在于长短，而在于高度、宽度和厚度，在时代的洪流中能绚丽绽放。"对党忠诚，积极工作，为共产主义奋斗终身，随时准备为党和人民牺牲一切"，是中国共产党党员入党誓词里的几句，在过去波澜壮阔的革命和建设中，一批批福建儿女交出了惊风雨泣鬼神的答卷，在"奋进新征程，建功新时代"的号角声中，涌现出漳州110、闽宁协作援宁群体以及廖俊波、杨春等一批时代楷模，党员的战斗堡垒作用和先锋模范作用充分发挥。孙丽美、潘东升等人也以各自不同的奉献和牺牲，在天地间立起了一个个供后人效法的丰碑。

"中国这十年·福建"主题新闻发布会

"我们立足省情、发挥优势，抓住国家赋予的先行先试政策机遇，大胆改、深入试，重点实施169个重大改革方案，经济、民主法治、文化、社会、生态文明等领域改革扎实推进，一批探索性、先行性、突破性的改革成果以制度形式固化，一大批具有福建特点的改革成果在全国复制推广，有的还上升为国家层面的制度和政策……"2022年9月1日，时任省委书记尹力在"中国这十年·福建"主题新闻发布会答记者问时如是说。

福建发布的一组数据，展现了党的十八大以来福建的十年巨变，可谓福气满满：

全省地区生产总值连跨3个万亿元台阶，年均增长8.1%，2021年达4.88万亿元，从全国第11位提升至第8位；

全省居民人均可支配收入连跨3个万元台阶，年均增长8.5%，2021年达40659元，居全国第7位；

全省单位地区生产总值能耗持续降低，劳动生产率持续提升，以约占全国3%的人口、1.3%的土地、2.9%的能耗，创造了全国4.3%的经济总量；

在全国率先实现市通高铁、县通高速、镇通干线、村通客车，铁路、高速公路路网密度均居全国第2位，福州港、厦门港、湄洲湾港跨入亿吨级港行列；

城市空气质量优良天数比例99.2%，12条主要流域优良水质比例97.3%，森林覆盖率66.8%，连续43年保持全国第1位……

2022年11月13日，中共中央决定，在党的二十大上当选为中央政治局委员的尹力不再兼任福建省委书记之职，由周祖翼接任。

尹力在全省领导干部会议上深情地说："近年来福建发展取得的新成绩，体现了新时代党和国家十年伟大变革，过去五年工作成就，是以习近平同志为核心的党中央坚强领导的结果，是历届省领导班子一任接着一任干、全省各族人民团结奋斗的结果，是我们一道拼出来、干出来、奋斗出来的。……我将始终关注福建、关心福建、祝福福建，为福建发展继续贡献自己的力量。"

周祖翼充满信心地表示："我坚信，按照习近平总书记的重要讲话重要指示精神坚定不移走下去，福建的明天一定会更加美好。……秉承实干作风，着力实现高质量发展，在中国式现代化中彰显福建担当、展现福建作为。""从今天开始，福建就是我的新家乡，我就是新的福建人。我将始终牢记习近平总书记嘱托，深入学习宣传贯彻党的二十大精神，自觉践行'三个务必'，以'功成不必在我'的胸怀和'功

福州福道

福州福山郊野公园

成必定有我'的担当,全身心融入福建,倾全力奉献福建,以实际行动交出一份合格答卷,决不辜负党中央的重托,决不辜负全省人民的期望。"

"团结奋斗"和"决不辜负"铿锵有力,假以时日,必将谱写全面建设社会主义现代化国家福建篇章,开启一个更加美好的明天!

有期望就要奋斗,让梦想照进现实,"福"从"建"来,有福同享,更是后福无量!

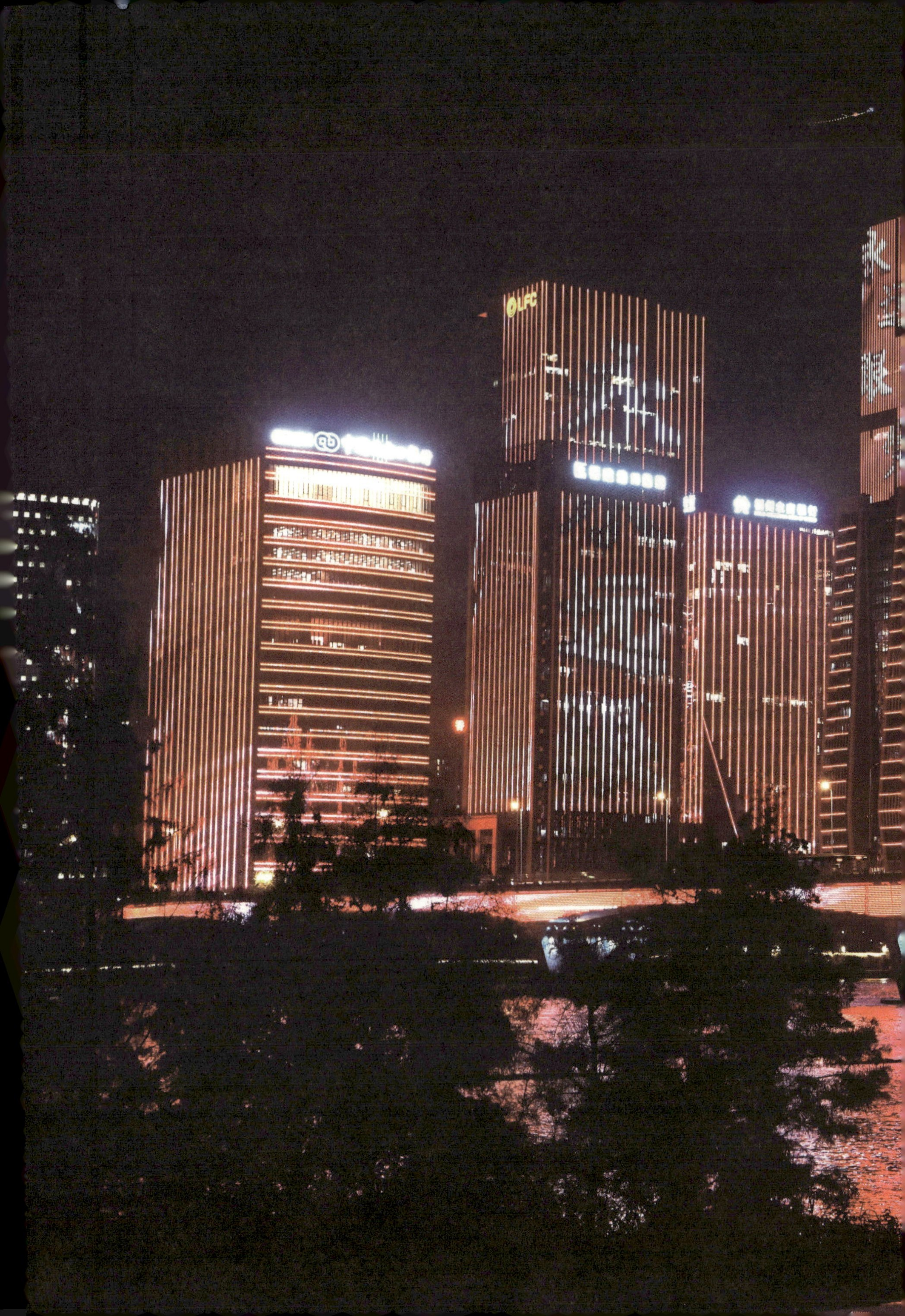
LFC

福州 CBD 灯光秀

后　记

《十年建福》终于可以付梓了，从动议、写作到编辑出版一年有余。

新旧年交替之际，庭院之葱茏，远山之青黛，非人力可为，实乃自然之功。常言说，十年树木，百年树人，均交与时间打磨，实乃累积之功。

十年在历史长河中当然只是一瞬；但在并不长远辽阔的人生旅途中，没有几个十年的跋涉。我们有幸经历、参与、见证过往十年的发展变化，它是一个新的时代。

对党的十八大以来福建的改革开放、经济社会发展进行一次全面、深入的梳理，是一次艰巨繁重的任务。钟兆云兄把我推向这本书写作的前台，这是他对我的鼓励。认识兆云30年有余，这是我与他的第一次合作，对一个有将近2000万字作品的著名作家而言，这本书可能不算什么，简直就是驾轻就熟，手到擒来；但对于我，确实是一次"历练"，既练笔又炼狱。

写作是从2022年4月开始动笔的，到5月上旬，便完成了约10万字的初稿。如果一鼓作气的话，上半年便可完成我所承担的任务。但是，这个时候，母亲病逝的巨痛，使我将近50天时间内身心交瘁。到了7月，才重新坐到电脑前，进行书稿的第二轮写作。

当初，福建教育出版社江金辉社长、孙汉生总编辑在与我们交流此书写作、出版的时候，都有十分美好的期待：它应该是纵览的、它应该是恢宏的、它应该是深刻的、它应该是生动的……我自己也曾经做过一些设想——文章的开头这样写：一片树叶、两片树叶、许许多多的树叶上的晶莹透亮的水珠，一滴、一滴地滴落到红土上、草地上，它们从铺满落叶的崇山峻岭中走出，汇聚到溪流浅滩，带着福建清澈的爱，从闽江、晋江、九龙江，一路奔涌，汇聚成大海磅礴的力量……

不过，当面对大量、繁杂的书刊、报告、年鉴、文件、材料、报道的时候，我突然意识到，这是一次严肃甚至冷峻的时空对话，自己的那些思考、提问、回答都将装进抽屉，那些风花雪月、絮语浅斟也要另作他付。最后，我们拟定了十个部分，也就是十个篇章：十年纵览、山之碧绿、海之蔚蓝、共同家园、闽商弄潮、摆脱贫困、乡村振兴、产业发展、文化强省、有福共享。但写作过程的先后次序则是按"成熟一个发展一个"的路径。

写作过程，我时与兆云讨论文本要义，他给予激励指点，又给予精神关怀。彼时，他手头的一本大著正在紧张写作中。到9月中秋节前"文化强省"一章初稿终于脱稿，交予兆云。兆云对全书文稿进行了认真的披阅，个别地方作了添加，其中，对"文化强省"作了补充修改，着墨甚巨。而"有福共享"一章是他的压轴大戏，豹尾有力。

我深知，这本书没有责任编辑的斧正断难成品。福建教育出版社的陈楷根和他的团队以其专业、敬业的精神，催生了这本书。在编辑的过程中，书稿中的一些枝蔓、提法"惨遭"修正，该书与其说是兆云与我的写作成果，毋宁说是作者与编辑集体力量的结晶。谢谢楷根和他的伙伴！

大家在阅读此书的时候，应该会注意到它的配图——不，不应该说是"配图"——170多幅图片大多出自王东明之手。他是我的同事，中新社福建分社摄影部主任。每当我们完成一章文稿的写作，他就即时配发图片；如果手头没有合适的照片，便约请新闻摄影同行提供。再经出版社美编精心编排，使文图浑然一体，互为映衬。

最后，我要向文化名家陈吉先生致谢！他为《十年建福》题写了书名，其字端庄厚朴之美，跃然纸上。

徐德金　谨记

2023年癸卯春日